エプロンくらいは作ってみたい
エプロン作りの基礎ノート

しかのるーむ

エプロンは単に作業着というだけではなく、洋服代りになったり、寒さをしのぐために着たりもします。一方ではプロの使用するエプロンが潔いおしゃれとして、男女の区別なく家庭でも着用されてきています。こうしてエプロンへの関心が高まるに伴い、エプロンのデザインがとても豊富になりました。

本書ではエプロンを形態別にまとめ、それぞれの用途に合わせてデザインを選びやすいようになっています。縫うところが少なくてフリーサイズ、端布でも作れるエプロンは、洋裁の初心者にとっては最適なアイテム。よほどのことがないかぎり失敗ということもありません。目次にあるデザインに、使う布地を重ねてイメージし、オリジナルのエプロンを作ってみませんか。

文化出版局

CONTENTS

縫い始める前に……6
TPO　布地　サイズ　ひも　ポケット
布地と針と糸　地直し　布目　印つけと裁ち方

共通する部分縫い……11
縫い代の始末　布端の始末　バイアステープの作り方
ひもの作り方　1枚仕立てのひもの作り方とつけ方
ポケットの作り方とつけ方
ひも通し穴、ボタン穴の作り方　ボタンのつけ方

タオルで作る子供エプロン……25
使って実感！ 便利なアームカバー……29
作るのもかぶるのも簡単な三角巾……45
キッチンクロスで作る簡単エプロン……58
ぴしっと仕立てる5つのポイント……79
スモックのデザインのヒント……88

定番エプロン

p.18　　p.20 for men
p.22　　p.24 for kids　　p.26

ミニエプロン

p.28　　p.30

巻きエプロン

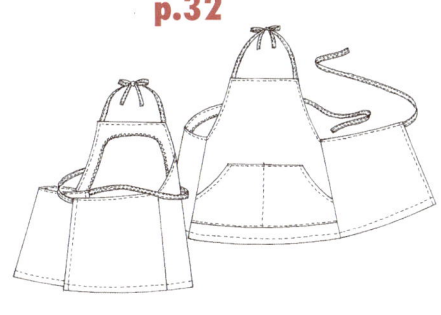

p.32

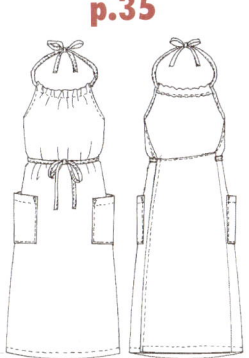

p.35

ストレートエプロン

p.38

p.40

p.42

p.44 for kids

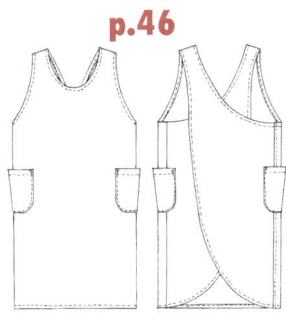

p.46

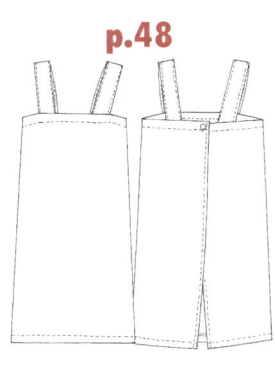

p.48

パレオ風エプロン

p.50

ギャルソンエプロン

p.52 for men

p.54

p.55

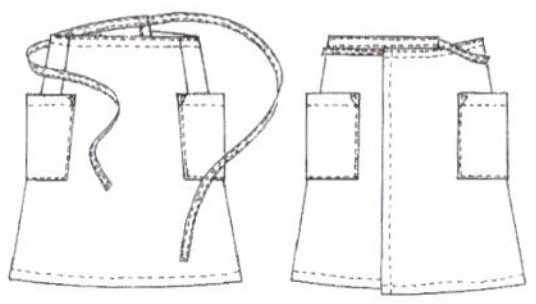

p.56

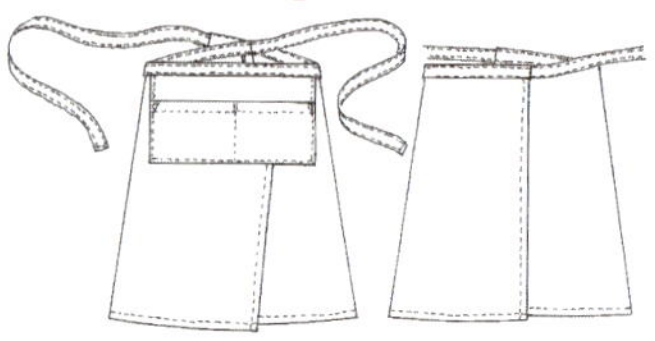

サロンエプロン

p.59

p.61

p.62

p.64

p.67

胸当てつきエプロン

p.68

p.70

p.73 for kids

エプロンドレス

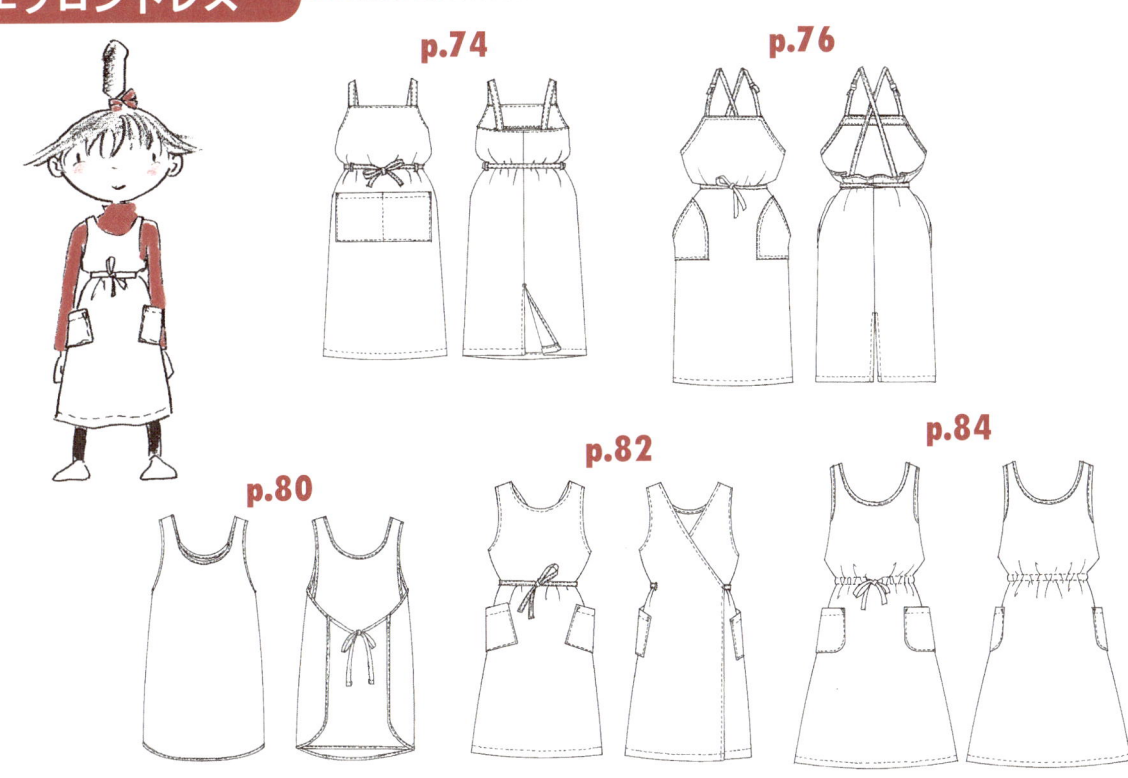

p.74
p.76
p.80
p.82
p.84

スモック

p.86 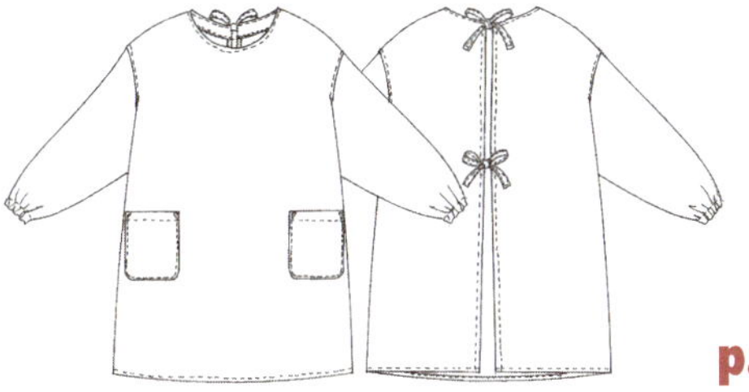
p.89 for kids 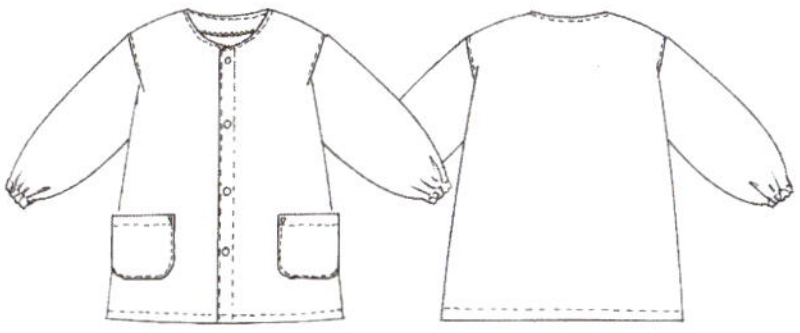
p.90 for men 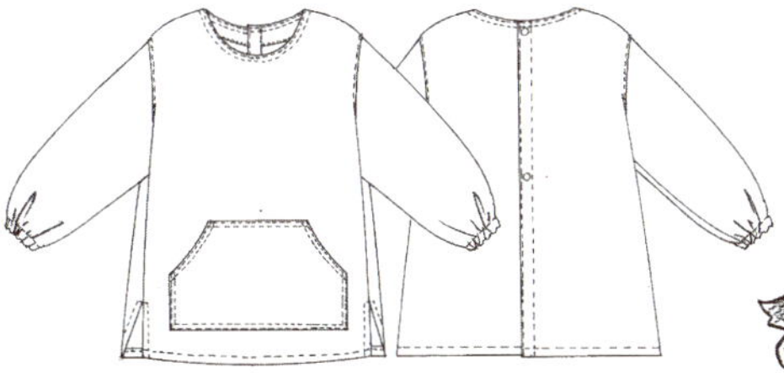
p.92 
p.94

縫い始める前に

TPO

エプロンを着けるにはそれなりの目的があります。例えば日常の家事、ガーデニングなど外での作業、お客さまを迎える日の家事、部屋着を兼ねるエプロンドレスなどがあり、その目的に合うデザインを選びます。

布地

布地によって同じ形のエプロンが全く違ったものになります。自分の好みを布地で表わしてください。布地は木綿のブロード、デニム、インテリアファブリックが一般的ですが、目的によっては水をはじくコーティング加工をしたものやナイロンクロス、フリルやタックのある優しいデザインには薄地のローンなども使用します。

サイズ

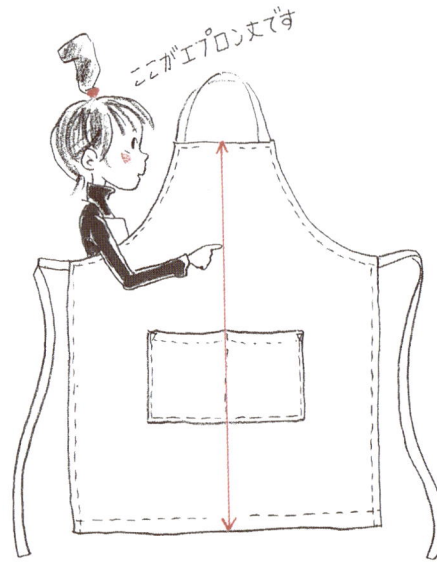

〈エプロン丈について〉
- ★60cm前後 → ショート丈
- ★70〜80cm → 一般的
- ★100cm前後 → ロング丈

ひも

ほとんどのエプロンにひもがついています。このひもでフリーサイズのエプロンを自分のサイズに合わせます。ひもは長すぎても短すぎても使い勝手が悪く、デザインとしての収まりも悪くなるので、ひもをつける前に、仮どめして着用してみます。また、ひもでは肩や首に負担がかかるという人や、後ろに手を回すのがつらいなどそれぞれに事情もありますから、自分に合ったひものつけ方を考えてみるのもいいでしょう。

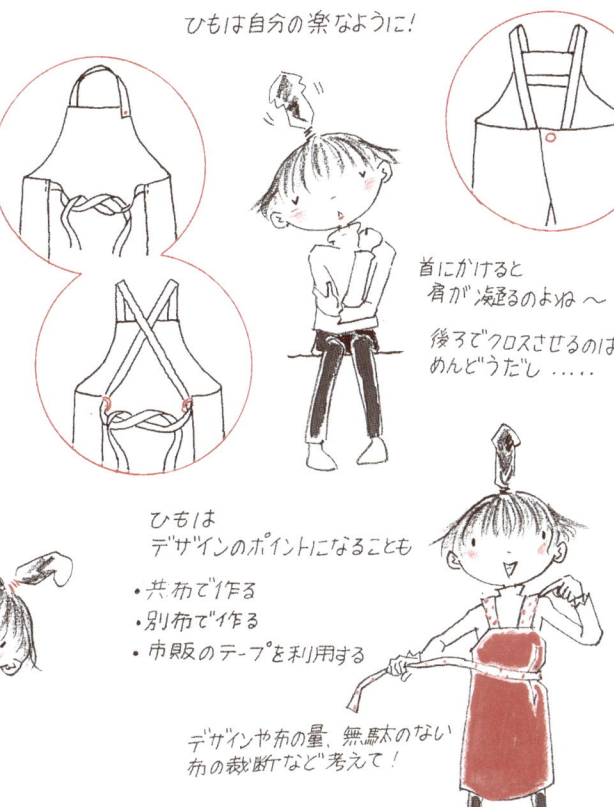

ひもは自分の楽なように！

首にかけると肩が凝るのよね〜

後ろでクロスさせるのはめんどうだし……

エプロンは体の一部分をおおうor体に巻きつけるという性質上サイズはおおむねフリーです

でも着る人によって変化する部分もあるよ！

ひもはデザインのポイントになることも

・共布で作る
・別布で作る
・市販のテープを利用する

デザインや布の量、無駄のない布の裁断など考えて！

★変化する部分は首にかかるひもの長さ

自分のものなら必ず試着してひもの長さを決める

このくらいかな〜

プレゼントするなら

Dかん、ボタン、マジックテープなどで調節可能に！

片方は固定

ポケット

あると便利ということでほとんどのエプロンにポケットがついていますが、もし使わないのならつけなくてもいいし、あまり使用しないと思えば力布をつけることもありません。つける場合は最後に試着してみて使いやすい位置につけるのがベスト。

マイエプロンの場合はポケットの位置はほかが出来上がってから着てみて決めよう！

斜めのほうがいいかな…

作ったポケットか同形の紙

★この本は一部を除いてポケットは最後につけることにしている

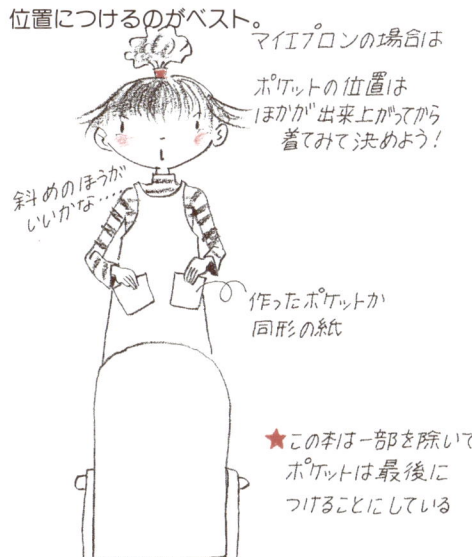

布地と針と糸

エプロンによく使われるのは
吸湿性では木綿、
丈夫で色落ちの心配の
ないのは
化繊混紡の木綿です

			ミシン針NO.	糸
木綿または木綿＋ポリエステル	〈厚地〉デニム、帆布、カツラギ、ギャバetc.	・1枚仕立てのストレートタイプ ・ギャルソンエプロン ・メンズ	14番	ポリエステルミシン糸60番
	〈中厚〉ブロード、シーチング、ギンガムチェック	・どんなデザインにも向く ・日常着 ・初心者にも縫いやすい	11	60
	〈薄地〉ローン、レース、薄地のプリント地（花柄など）	・ギャザーやフリルのあるデザイン ・巻きタイプ ・ロング丈	9	60
ビニールクロス		・水仕事用	14	60
インテリアファブリック、カーテン地		・布の風合いやプリント柄を生かすデザイン ・広幅(150cm前後)を有効利用する	中厚地 11 厚地 14	60
タオル地、風呂敷		・布端の始末ができていて楽 ・アイディアエプロン		

ビニールクロスやタオル地をミシンで縫う場合に、押え金の送りが悪くて縫いづらく、針目が乱れることがあります。そんなときはトレーシングペーパーや薄いハトロン紙を布の下に敷いて一緒に縫うとスムーズにミシンが進み、針目もそろいます。同じ目的で"ニッティングスーパー"というスプレーも市販されています。ミシン調子のよし悪しは、エプロンの仕上がりを左右するくらい大切です。

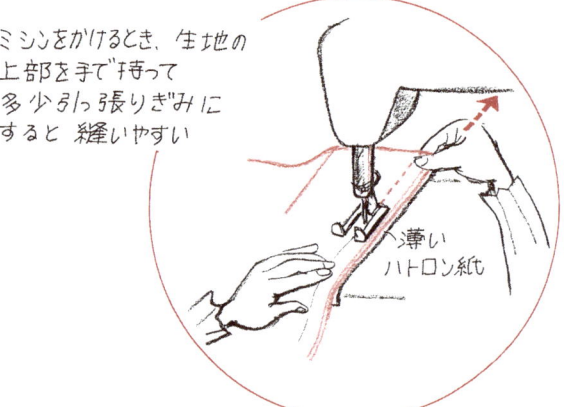

ミシンをかけるとき、生地の上部を手で持って多少引っ張りぎみにすると縫いやすい

薄いハトロン紙

地直し

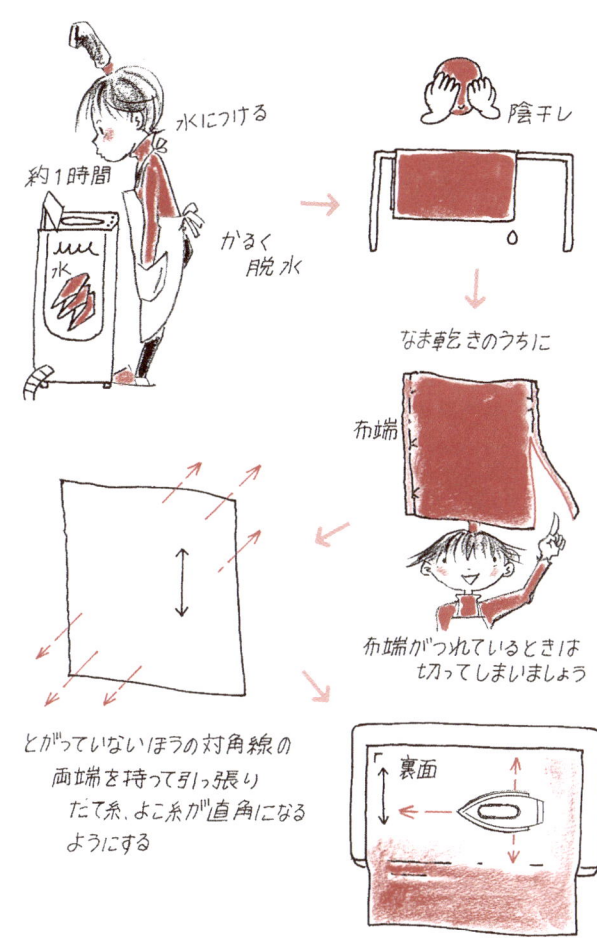

綿100％の布の場合は洗濯で布が縮んだり、既に布目がゆがんでいることがあります。そのため事前に縮めておいたり、アイロンで布目を正しておくことを地直しといいます。最近の布地は防縮加工されたものや、ポリエステル混紡の綿が多く、地直しはほとんどしなくなりましたが、もし心配な場合は地直しをしてください。

布目

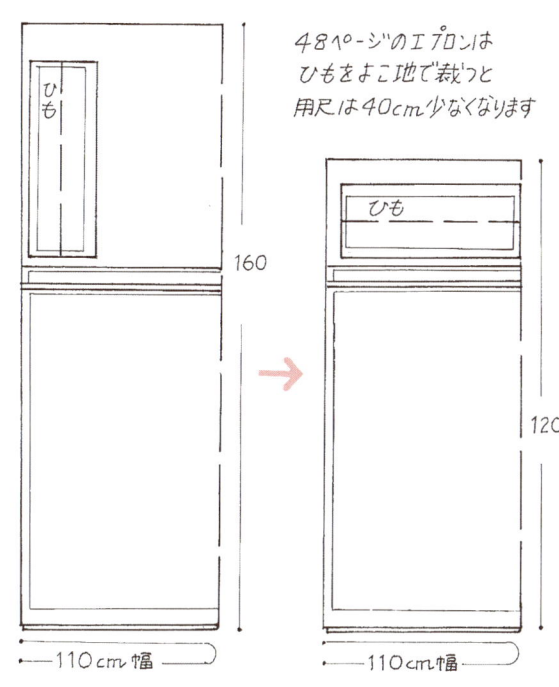

布地には布目があります。縦の布目にそって布が垂れる性質と、横地には張りがあります。ただし、体をおおうというエプロンの性質上、このことにあまりこだわらなくても大丈夫です。無駄のない合理的な布の裁断を考えたほうがいいでしょう。例えば脇に縫い目がない140cm幅のエプロンなのに、布幅が110cmの場合は横地で裁断します。ひもは縦地で裁つほうが縫いやすく丈夫ですが、これも場合によっては横地で裁ちます。ひもは必ず表から押えミシンをかけることをお勧めします。

印つけと裁ち方

直線裁ちの場合
簡単なデザインで各パーツが直線で製図しやすいものに

● 布の表面に直接、鉛筆やチョーク、チョークペンシルで製図する

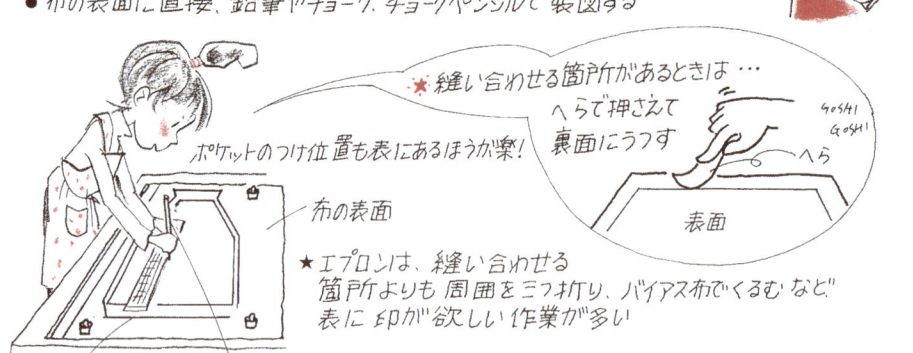

縫い代線もしっかりかこう！　鉛筆やチョーク、チョークペンシルなど

型紙を作る場合
カーブやダーツのあるデザインのものに

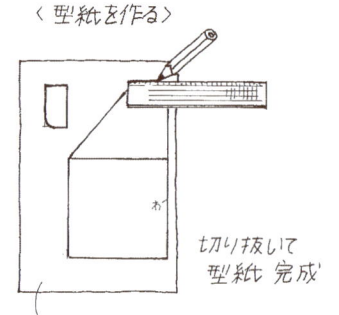

〈型紙を作る〉
切り抜いて型紙完成
ハトロン紙
（文具屋さん、手芸店で購入して！うつすこともできる透ける紙）

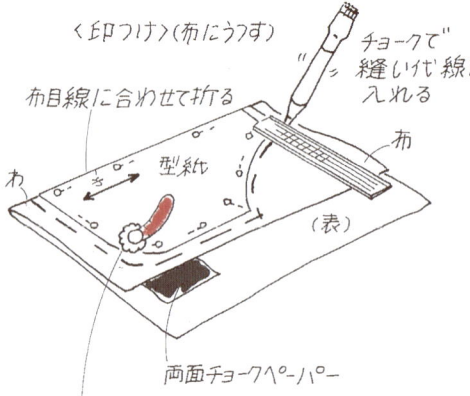

〈印つけ〉（布にうつす）
布目線に合わせて折る
チョークで縫い代線を入れる
型紙
布（表）
両面チョークペーパー
丸刃のルレットで印つけ（出来上り線に印をつける）

〈裁断〉
縫い代線をカットする

どちらの場合も

■ 裁ち方図に指定してある縫い代をつけて裁つ

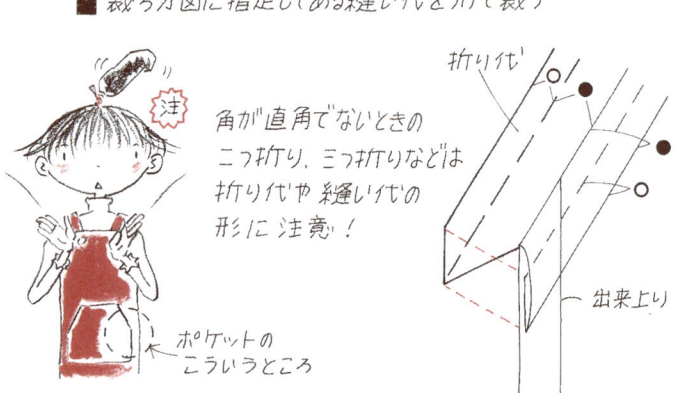

角が直角でないときの二つ折り、三つ折りなどは折り代や縫い代の形に注意！
ポケットのこういうところ
折り代
出来上り

■ バイアス布などで縁どりする場合は縫い代は0（ゼロ）

ここが出来上り線

共通する部分縫い

エプロン作りはほとんどがミシンかけとアイロンかけの繰返し。ミシンの後で縫い代を切りそろえ、アイロンをこまめにかけることがエプロンをきれいに仕上げるこつです。そのほかにもすべてに共通する部分縫いとして、布端の始末、縫い代の始末、ひもの縫い方、見返しのつけ方があります。

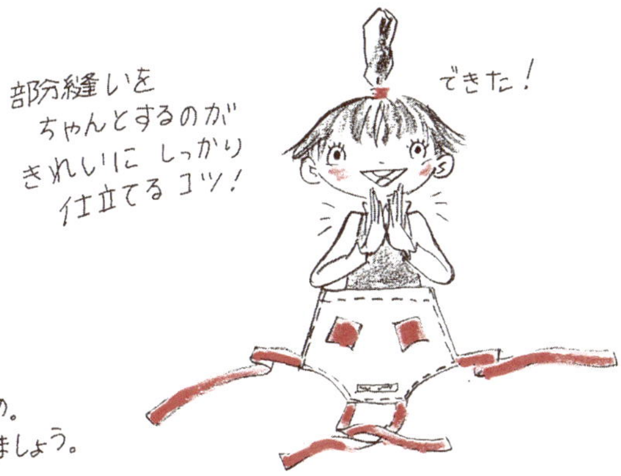

部分縫いをちゃんとするのがきれいにしっかり仕立てるコツ！
できた！

縫い代の始末

洗って縫い代の端がボロボロになったら哀れ

エプロンは洗濯が激しいもの。縫い代の始末はきちんとしましょう。始末の方法で縫い代幅がちがいます 要注意！

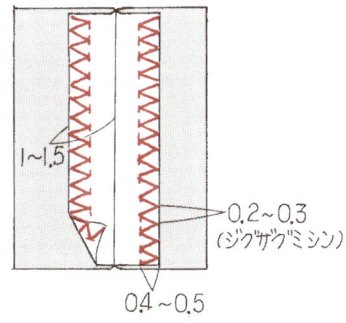

① ジグザグミシン or ロックミシン
1〜1.5
0.2〜0.3（ジグザグミシン）
0.4〜0.5

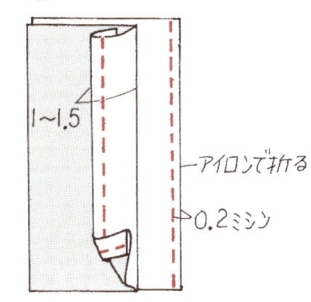

② 端ミシン
1〜1.5
アイロンで折る
0.2ミシン

③折伏せ縫い

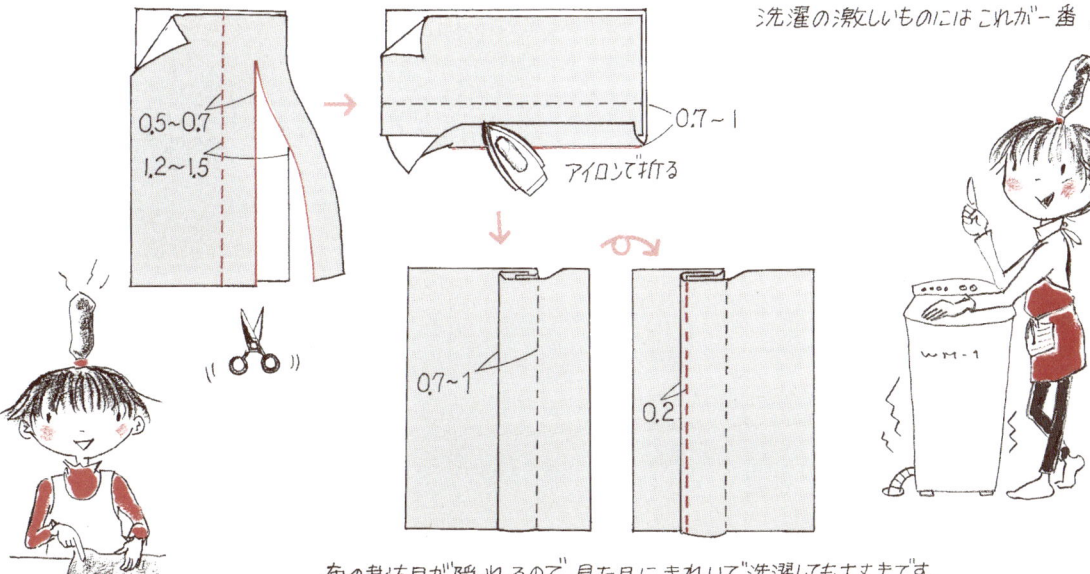

0.5〜0.7
1.2〜1.5
0.7〜1
アイロンで折る
0.7〜1
0.2

洗濯の激しいものにはこれが一番！

布の裁ち目が隠れるので見た目にきれいで洗濯しても大丈夫です。薄手の布で作るエプロンはすべてこの縫い方にしてもOK。
そのときは縫い代は1.5cmとってください

布端の始末

三つ折りにしてステッチ

① 厚地 or 中厚地

② 中厚地 or 薄地
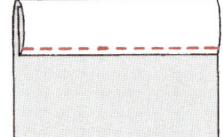

二つ折りにしてステッチ

① 厚地の場合
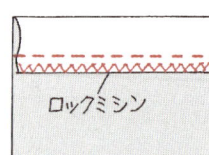
ロックミシン

② ビニールクロスなど端がほつれない場合
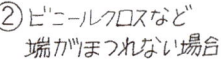
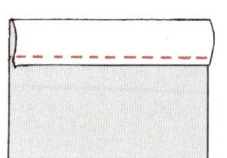

見返しをつける

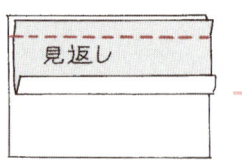 →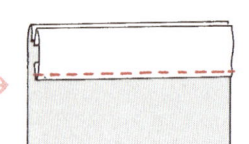

または

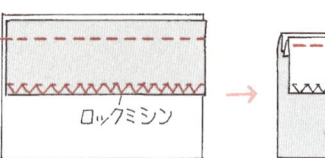
ロックミシン

→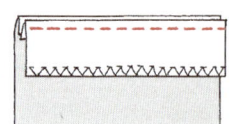

バイアス布を見返しに使う（カーブの場合）

バイアス布をカーブにのせてアイロンでくせをつける
外側の縫い代をアイロンで伸ばしぎみに

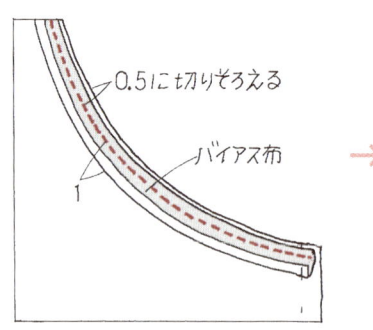
0.5に切りそろえる
バイアス布

→

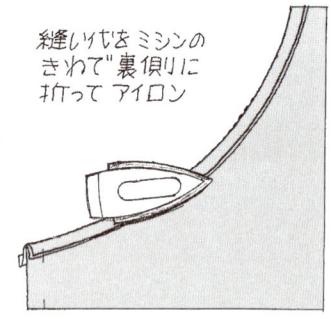
縫い代をミシンのきわで裏側に折ってアイロン

↓

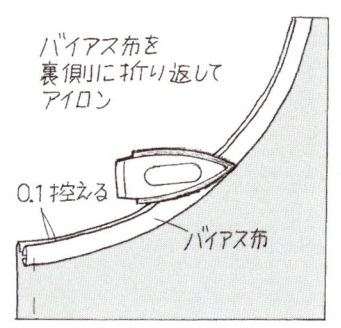
バイアス布を裏側に折り返してアイロン
0.1控える
バイアス布

→

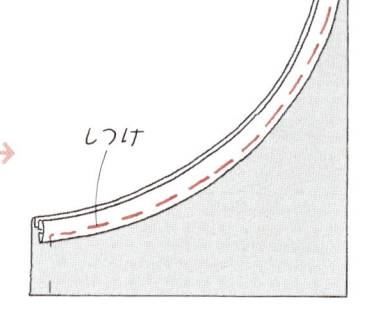
しつけ

→

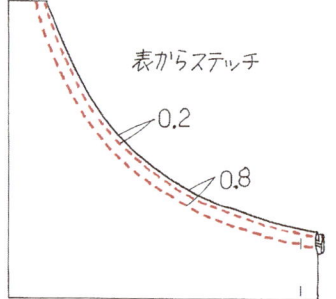
表からステッチ
0.2
0.8

どうしてステッチは表からかけるの？

表からかけるほうがステッチ幅をそろえやすい。上糸ミシン目のほうがきれいなこと。
でも不安なら裏からでも大丈夫。下糸の調子をよく見て！

表からミシンをかけるときは右図のようにするか、ステッチ定規を使うとステッチ幅をそろえやすい

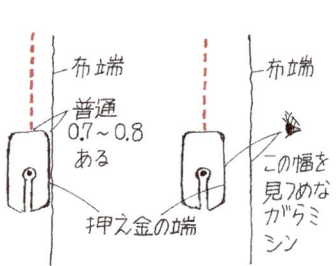
布端
普通 0.7〜0.8 ある
押え金の端
布端
この幅を見つめながらミシン

バイアス布で縁とり

A 表からつけて表からとめる
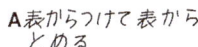
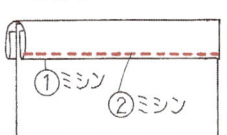

B 裏からつけて表からとめる
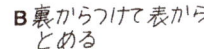
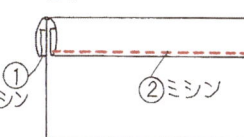

C 表からミシンでつけて裏でまつる

D 表からつけて表から落しミシンで裏をとめる
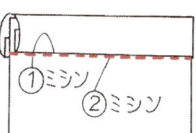

〈内カーブの場合〉
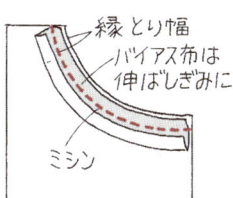

〈外カーブの場合〉
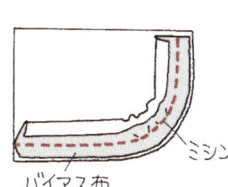

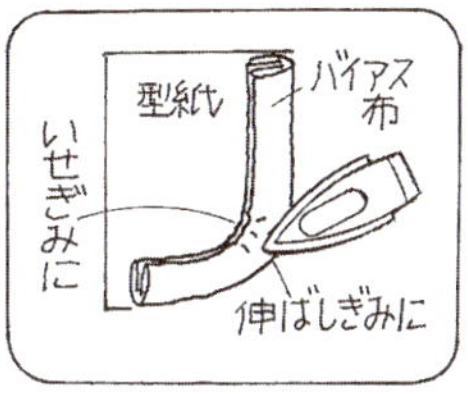

カーブが強いときは、出来上りに折ったバイアス布を丸みに合わせてアイロンで折っておくと仕立てが楽にきれいにできますよ！

バイアステープの作り方

① 裁ち方
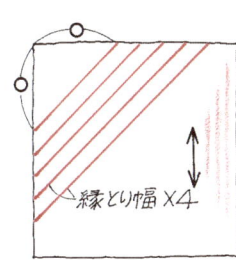

② はぎ方
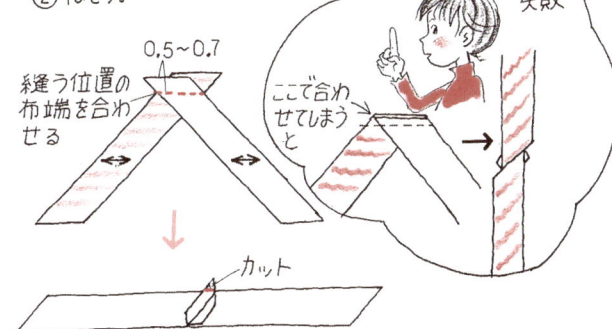

③ 作り方（縁とり幅に折る）
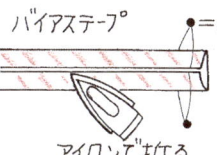

④ つけ始めとつけ終り
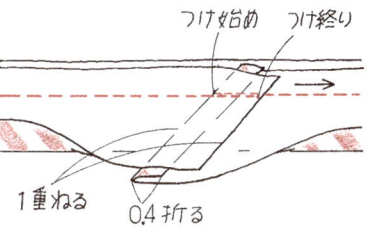

共のバイアス布を使うと出来上りはきれい。でも、テープを作るのが……という人、市販のバイアステープを使いましょう！色もいっぱいありますよ

1.2cm幅のもの

● 見返しに使う
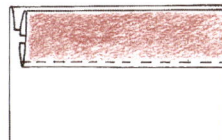

1.8cm幅のもの
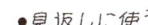
● 縁とりに使う
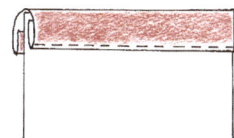

ひもの作り方

縫い返してステッチ

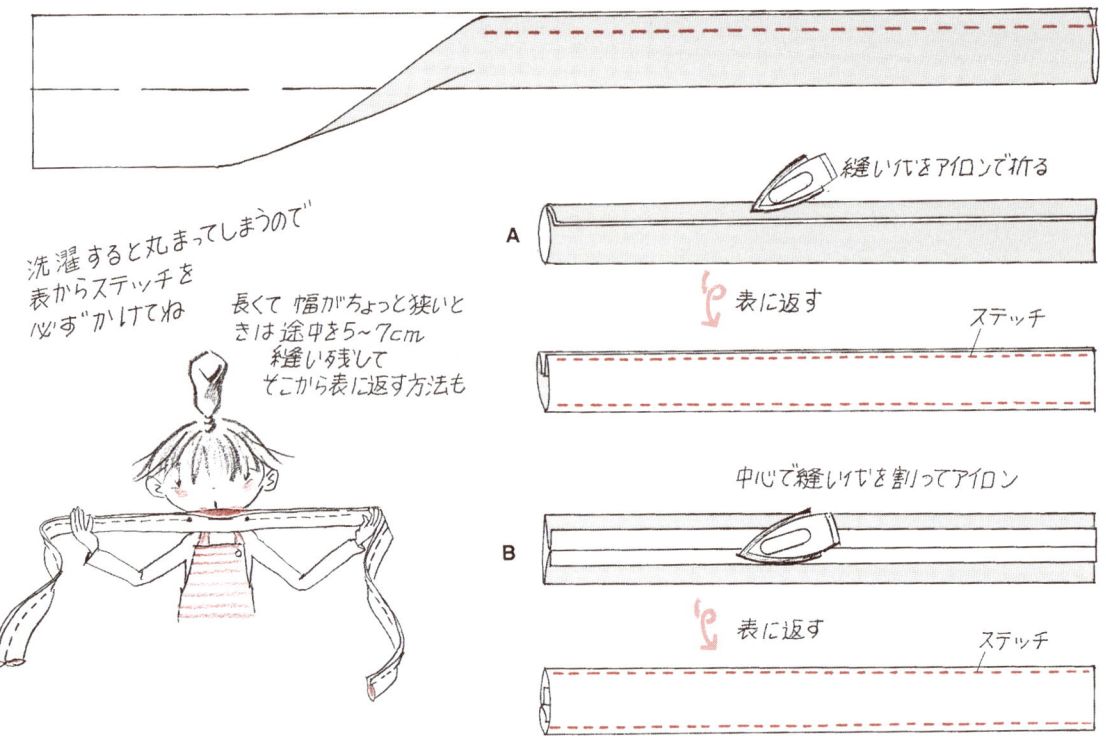

洗濯すると丸まってしまうので
表からステッチを
必ずかけてね

長くて 幅がちょっと狭いと
きは途中を5~7cm
縫い残して
そこから表に返す方法も

折ってステッチ

●四つ折りにしてステッチ

〈アイロンのかけ方〉

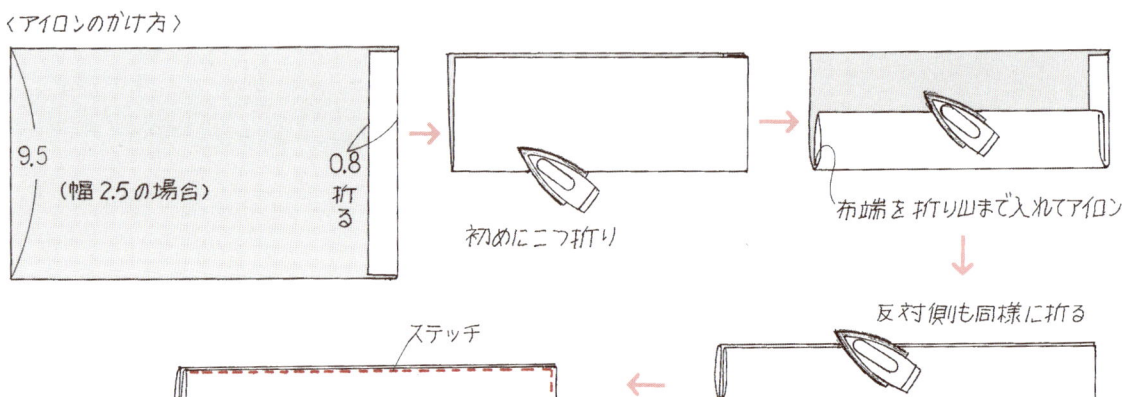

●三つ折りにしてステッチ

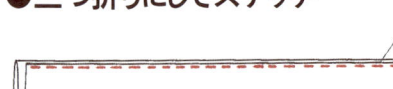

●三つ折りにして中心にステッチ

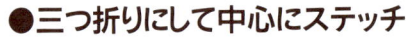

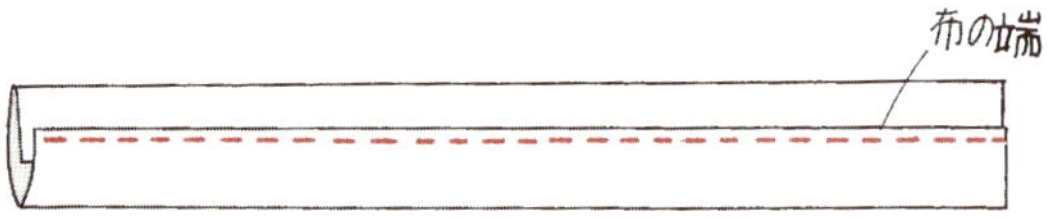

1枚仕立てのひもの作り方とつけ方

ひもの端が三角

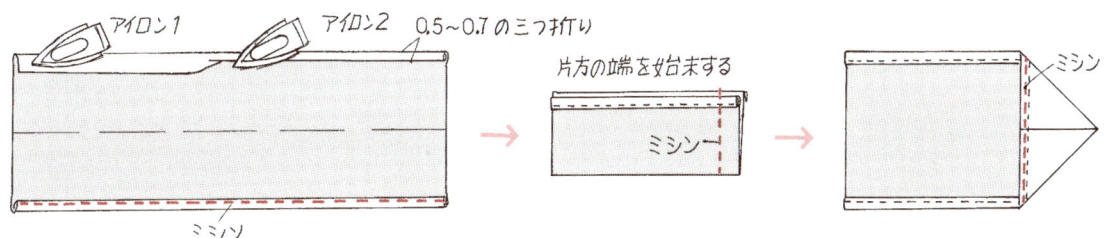

ひもの端が四角

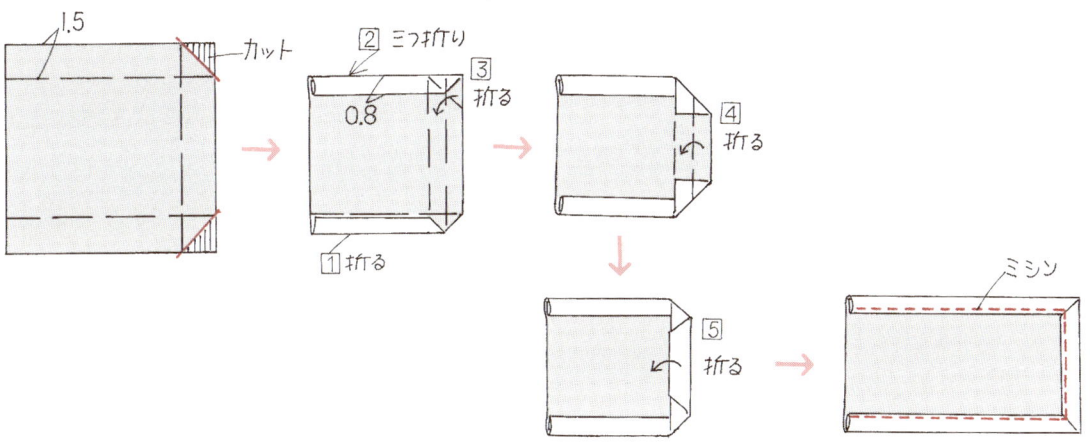

つけ方

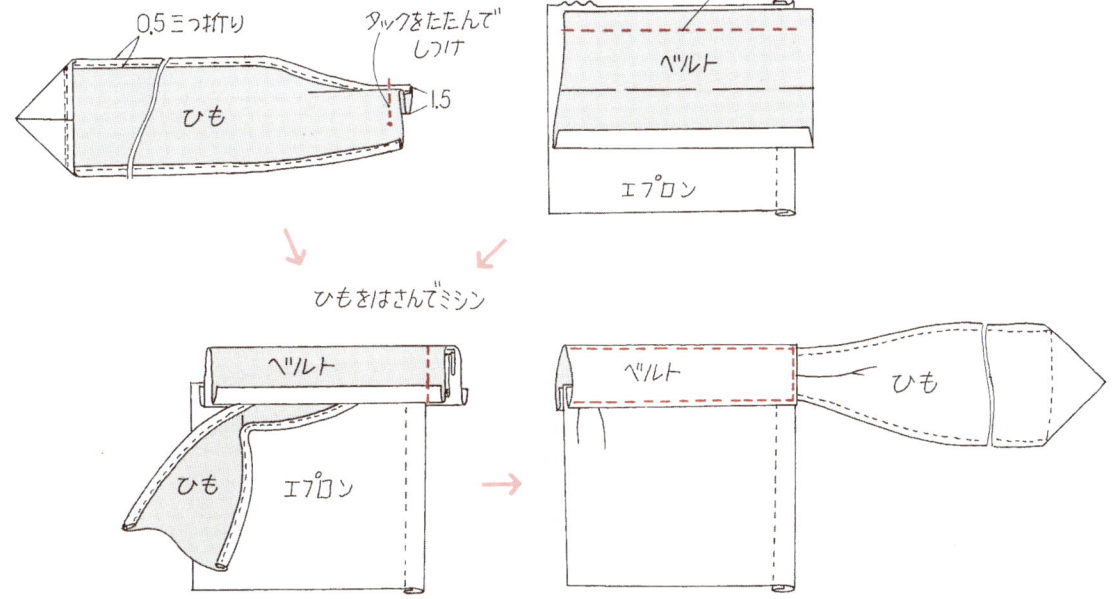

ポケットの作り方とつけ方

★ 横＋2＝縦 がバランスがいい

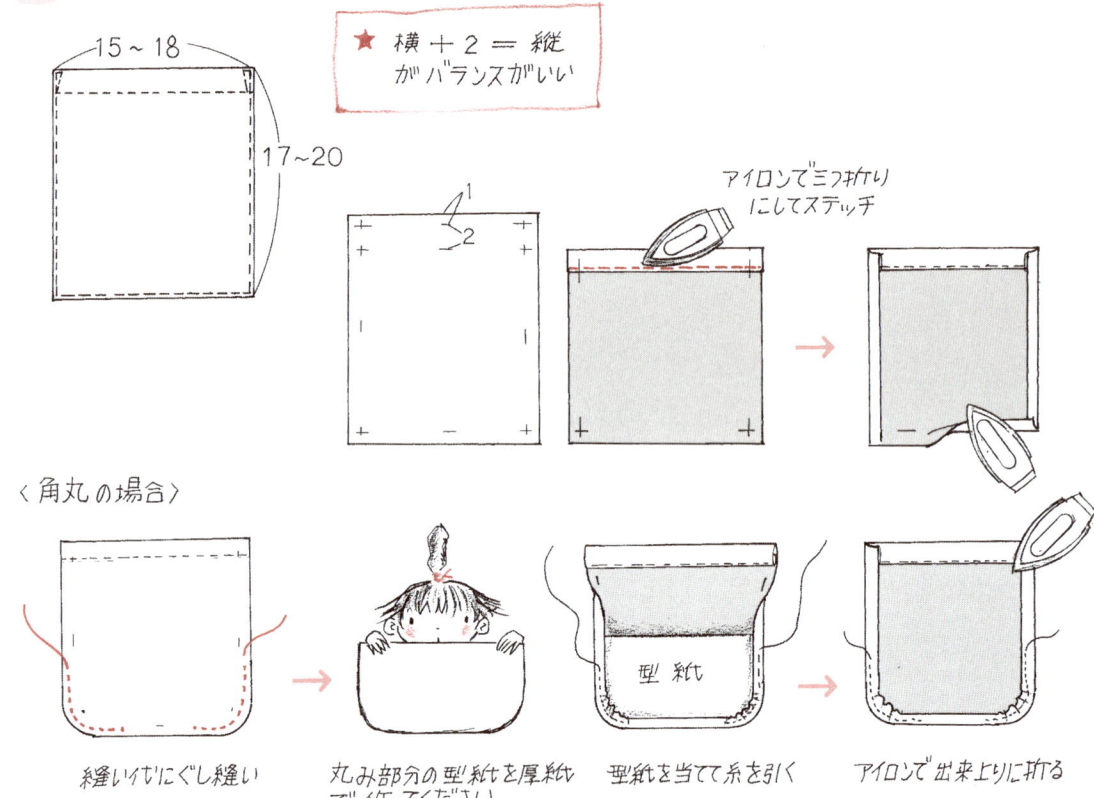

〈角丸の場合〉

縫いしろにぐし縫い / 丸み部分の型紙を厚紙で作ってください / 型紙を当てて糸を引く / アイロンで出来上りに折る

つけ方

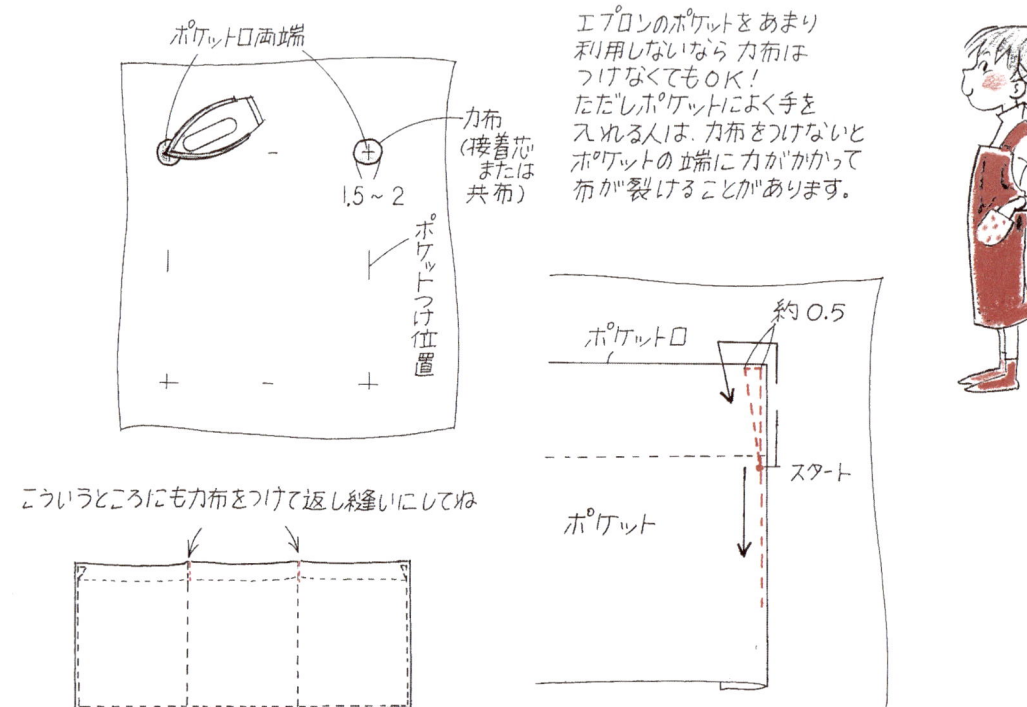

エプロンのポケットをあまり利用しないなら力布はつけなくてもOK！ただし、ポケットによく手を入れる人は、力布をつけないとポケットの端に力がかかって布が裂けることがあります。

こういうところにも力布をつけて返し縫いにしてね

ひも通し穴、ボタン穴の作り方

穴かがりをする

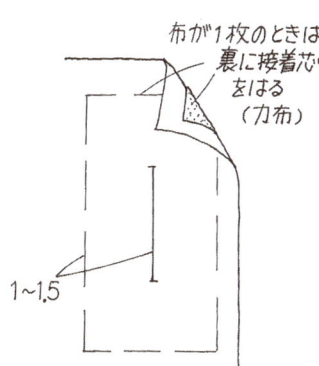

●手でかがる方法…穴かがり糸はカタン糸の40〜50番、ポリエステル糸の30〜60番

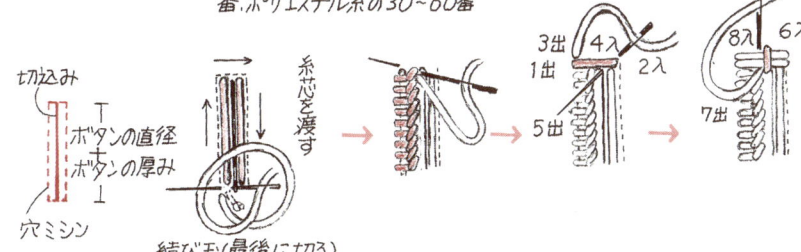

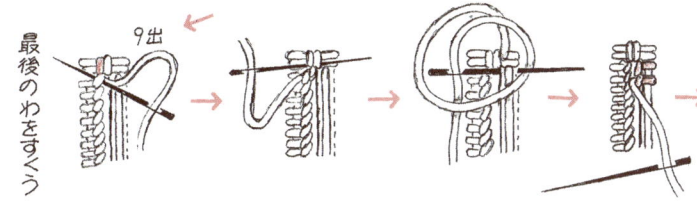

●ミシンで作る方法…ミシン糸でOK!

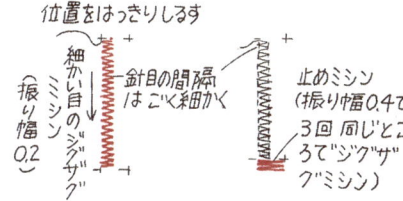

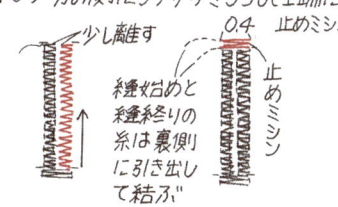

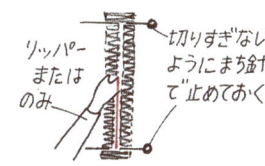

口布をつけて縫い返す

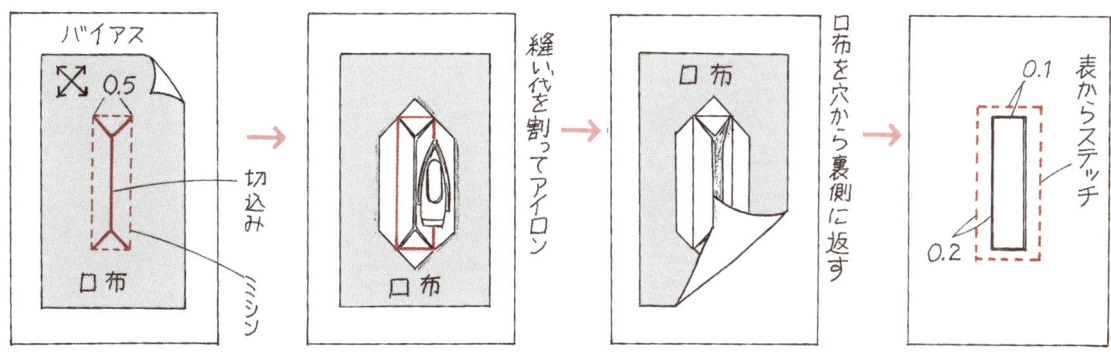

ボタンのつけ方

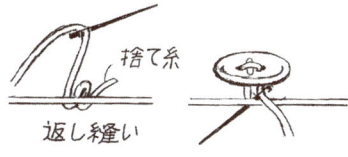

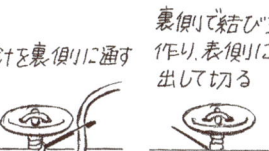
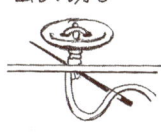

定番エプロン………1

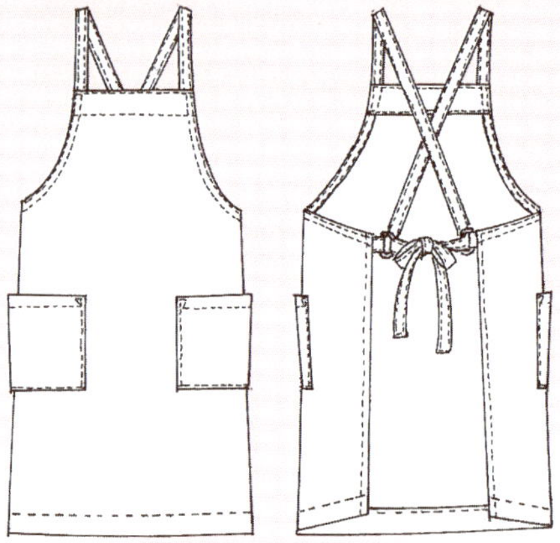

♥ワタクシは身長160cmじ↑

1枚の布にひもをつけた
定番エプロン
ひざ丈なので
スカートにも パンツにも
合わせやすいよ

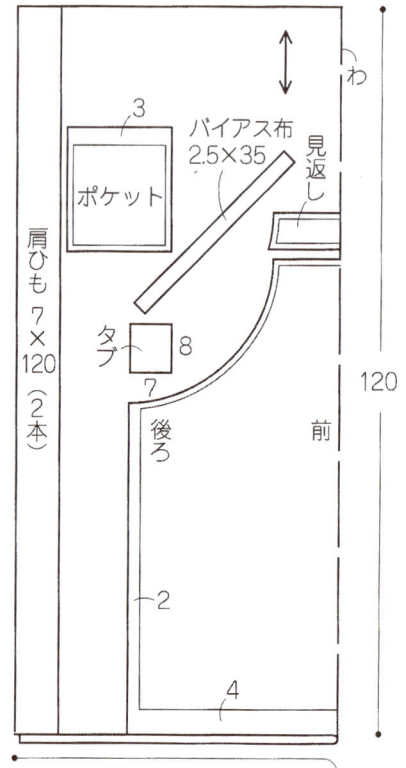

ひもの長さがフリーなので
大きい人も 小さい人も
それなりにOK！

材料

布地… 110cm幅を1m20cm
Dかん… 2個

製図

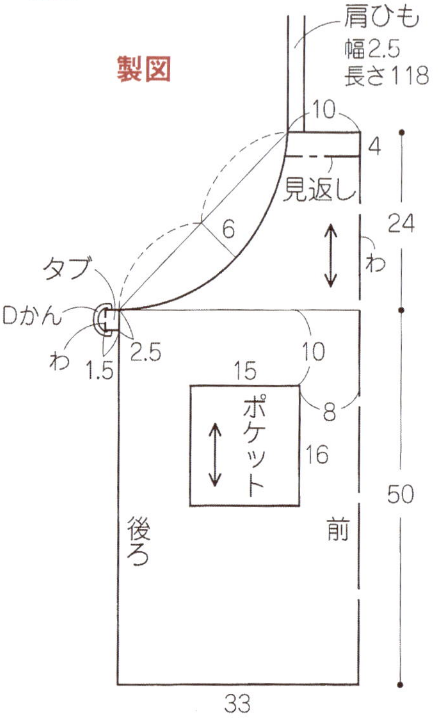

肩ひも
幅2.5
長さ118

見返し
10 / 4
24
6
タブ
Dかん
わ 1.5 2.5
10
15 8
ポケット
16
50
後ろ 前
33

裁ち方

わ
3
ポケット
バイアス布
2.5×35
見返し
肩ひも 7×120 (2本)
タブ
8
7
後ろ 前
120
2
4
110cm幅

★指定以外の縫い代は1cm

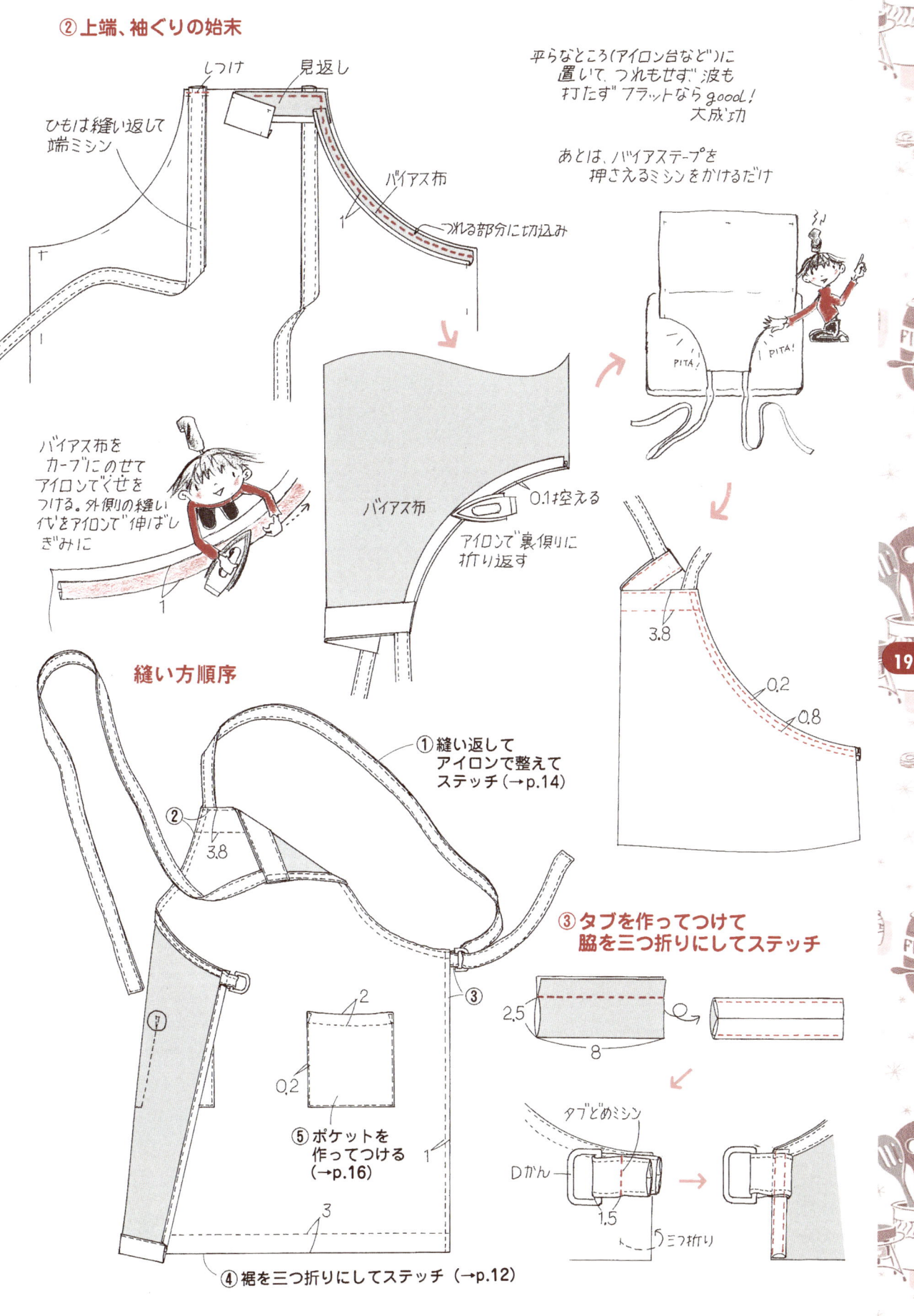

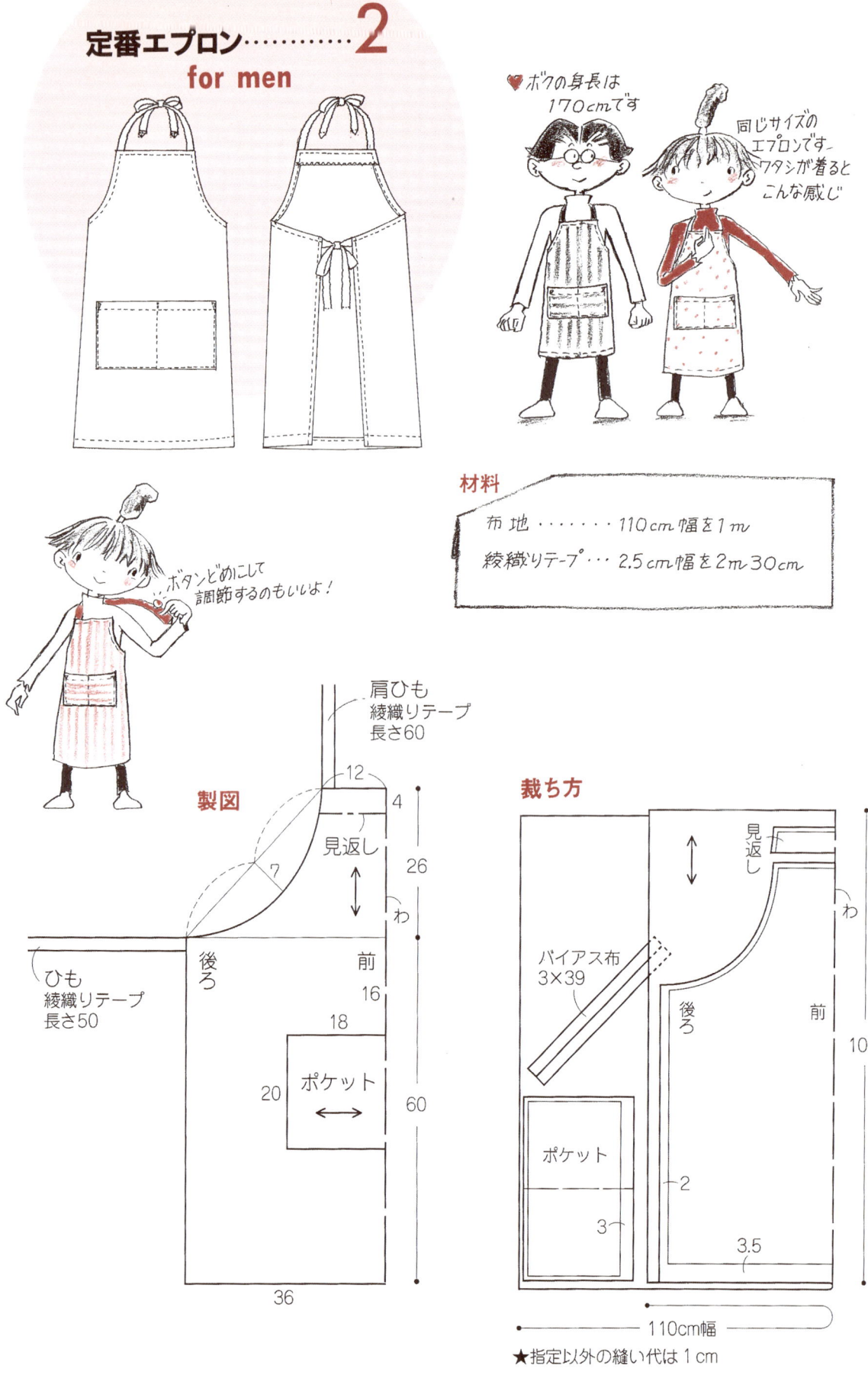

① 上端、袖ぐりの始末

縫い代を折る
肩ひもをはさむ
見返し
ロックミシン
0.5
前
綾織りテープ
バイアス布

首にかけるタイプのエプロンは
ひもを前に回して結ぶと
肩が凝らないよ！

前で結ぶときは
ひもの長さを
70cmにしてね

縫い方順序

見返し
ロックミシン
0.8
①
0.8
②
④ 2
0.8
2.5
③ 裾を三つ折りにして
ステッチ

② ひもをつけて脇を三つ折りにしてステッチ

ミシン
ひも
脇

ひもと一緒に
三つ折りにして
ミシン
脇

ひもの端の始末 A

ひも(テープ)の端の
始末
こんなのもあります

端の始末 B

テープ 折る
そろえる
折る

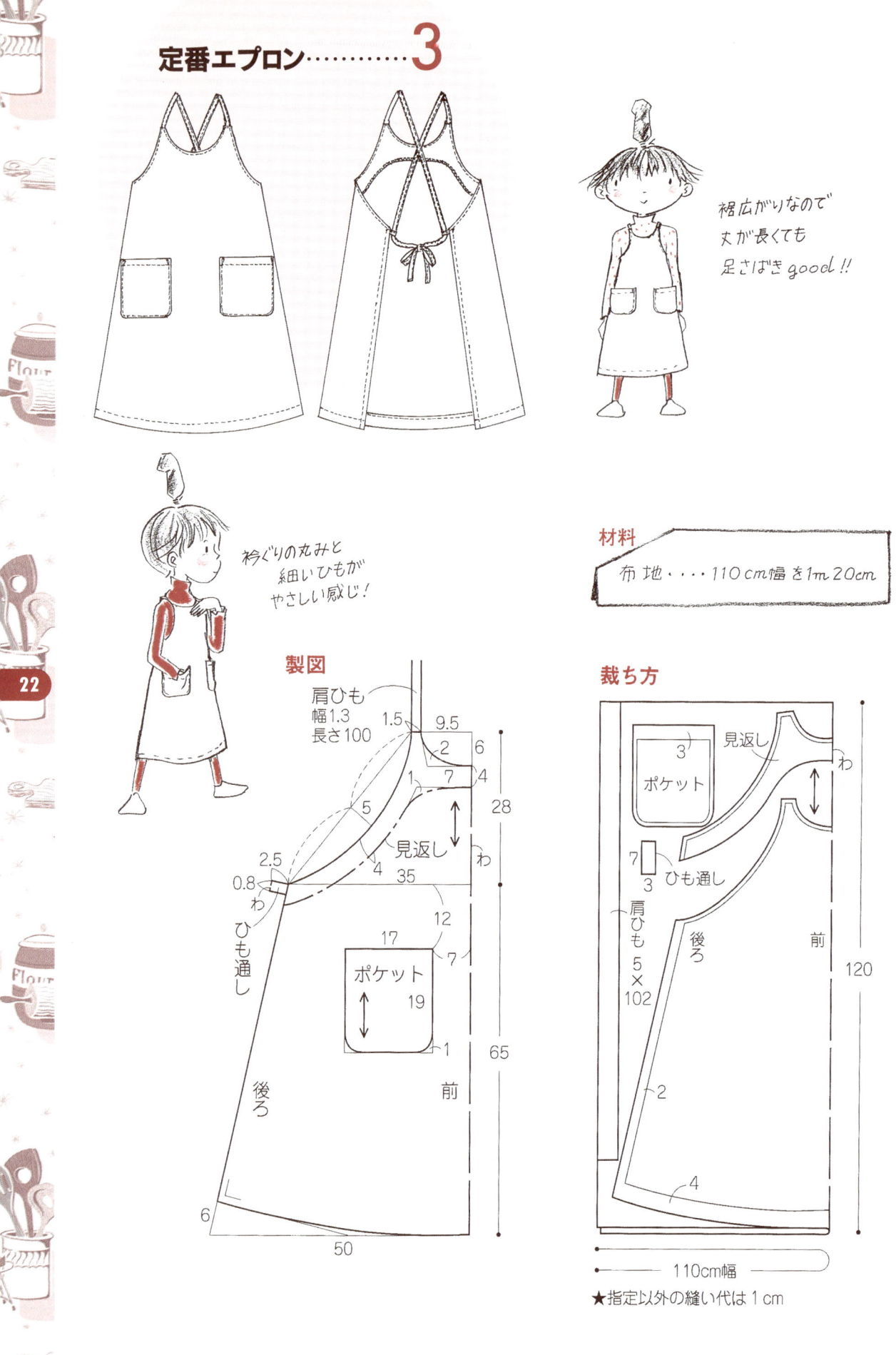

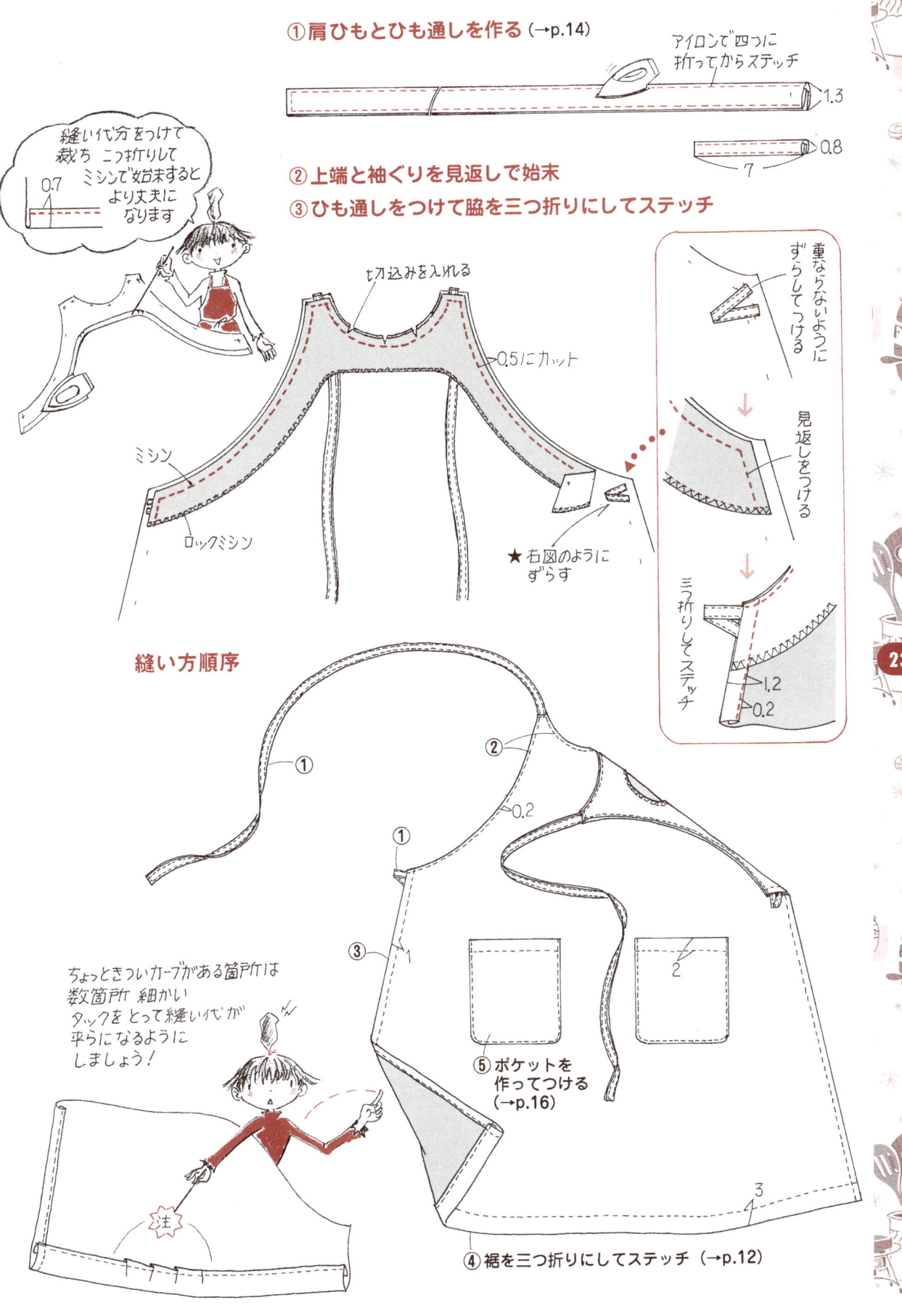

定番エプロン…………4
for kids

お習字、調理実習 など
小学生も エプロンは
必需品。 製図は
身長120cmを目安
にしていますが 肩ひも
の長さを調節すると
いつまでも着られます

材料

布地 ……… 110cm幅を70cm
飾りボタン …… 2個

裁ち方

★指定以外の縫い代は1cm

製図

縫い方順序

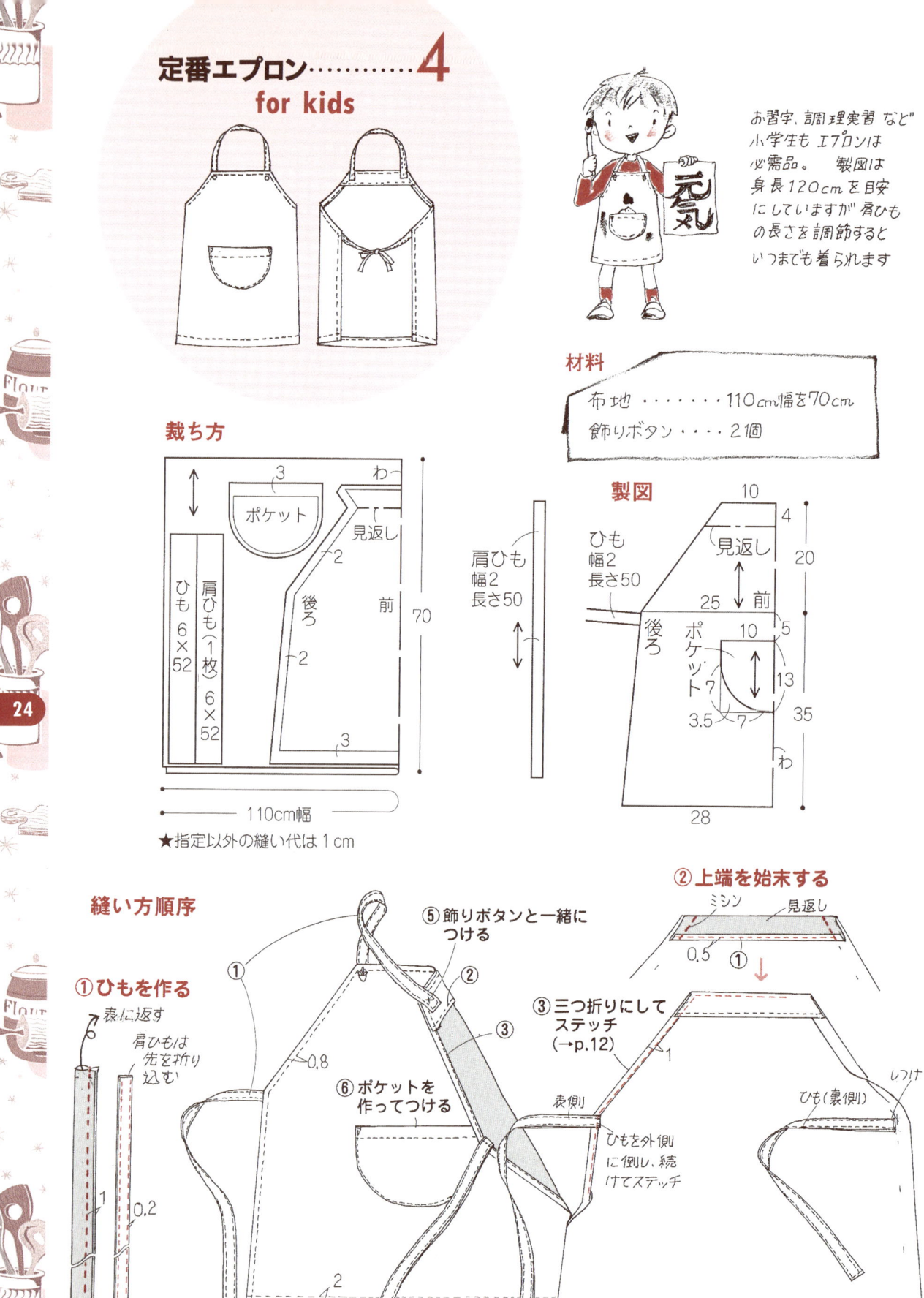

角のきれいな縫い方

額縁仕立て

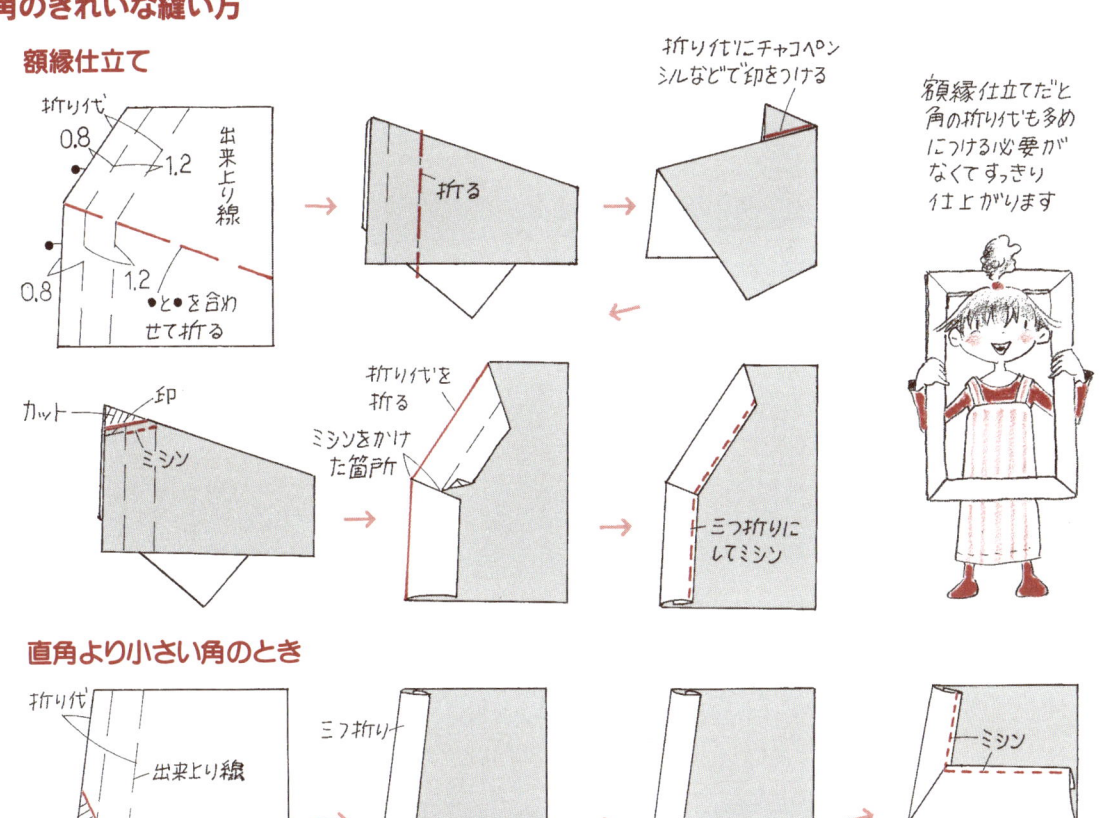

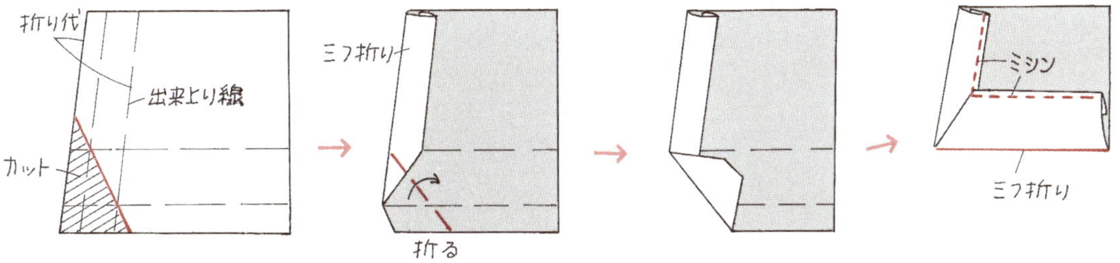

折り代にチャコペンシルなどで印をつける

額縁仕立てだと角の折り代も多めにつける必要がなくてすっきり仕上がります

- 折り代 0.8 / 1.2
- 出来上り線
- ●と●を合わせて折る
- カット / 印 / ミシン
- 折り代を折る
- ミシンをかけた箇所
- 三つ折りにしてミシン

直角より小さい角のとき

- 折り代
- 出来上り線
- カット
- 三つ折り
- 折る
- ミシン
- 三つ折り

タオルで作る子供エプロン

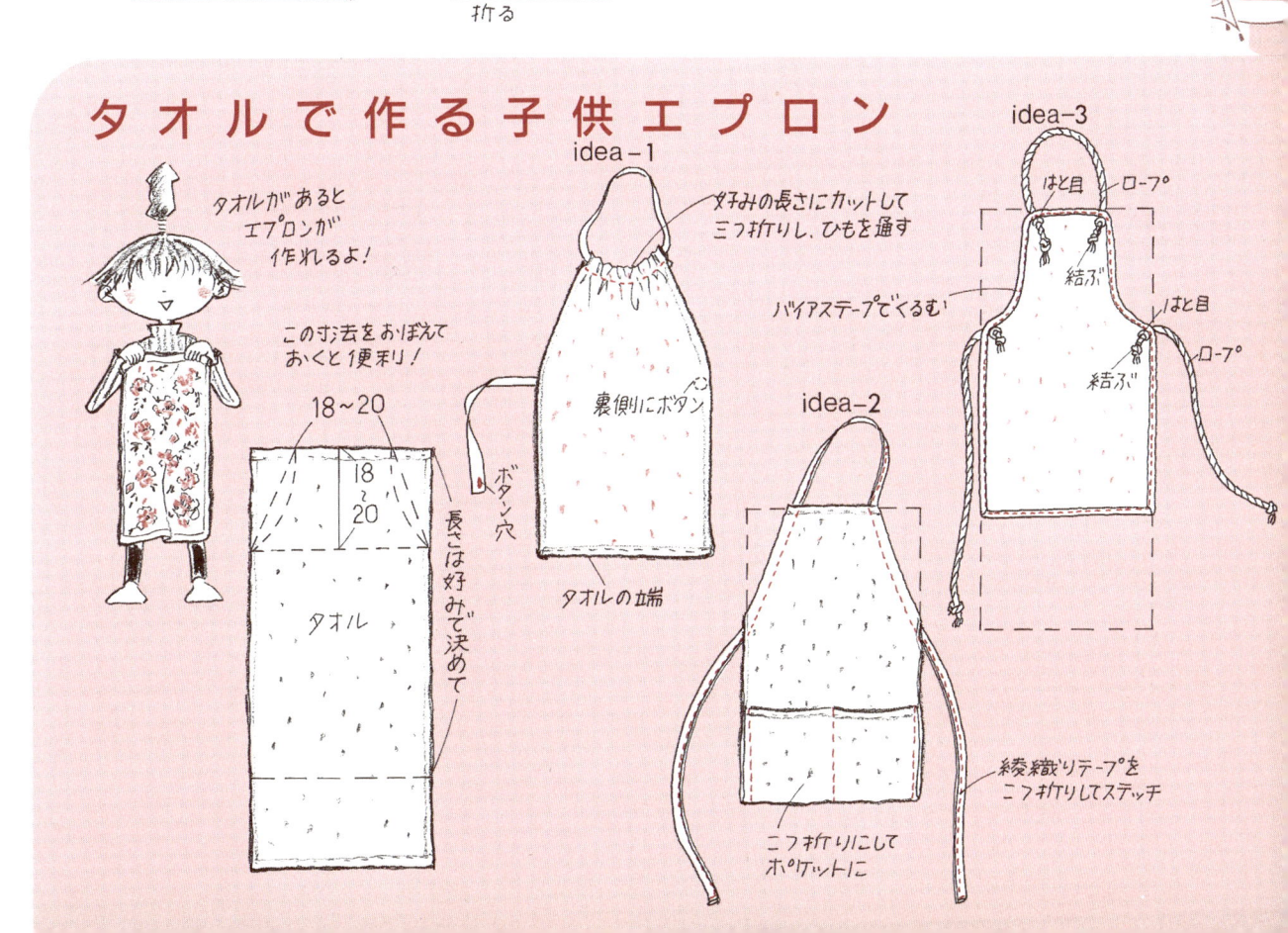

タオルがあるとエプロンが作れるよ！

この寸法をおぼえておくと便利！

18〜20 / 18〜20

長さは好みで決めて

タオル

idea-1

好みの長さにカットして三つ折りし、ひもを通す

裏側にボタン

ボタン穴

タオルの端

idea-2

バイアステープでくるむ

三つ折りにしてポケットに

綾織りテープを三つ折りしてステッチ

idea-3

はと目 / ロープ

結ぶ

はと目 / ロープ

結ぶ

定番エプロン………5

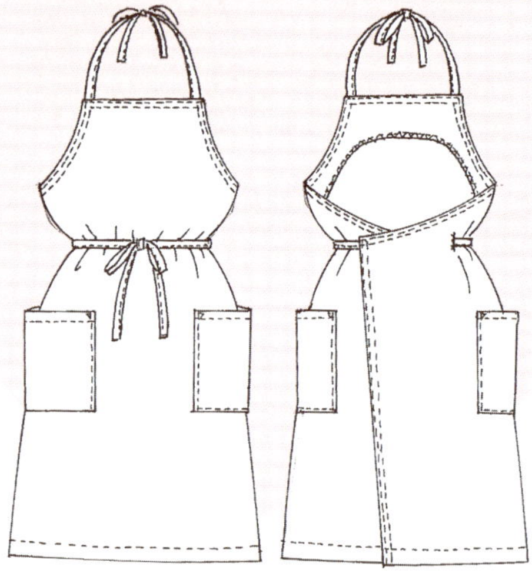

後ろで重ねるゆったりサイズ

薄地で作ると
体になじみやすく
軽くて楽！

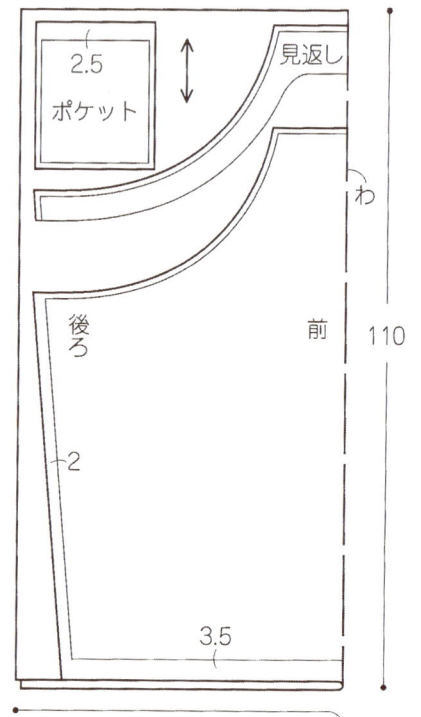

材料
布地・・・・・・110cm幅を1m10cm
綾織りテープ・・・2.5cm幅を3m30cm
接着芯（ひも通し穴の力布用）・・・少々

左側のひもは
ひも通し穴から
出して！

製図

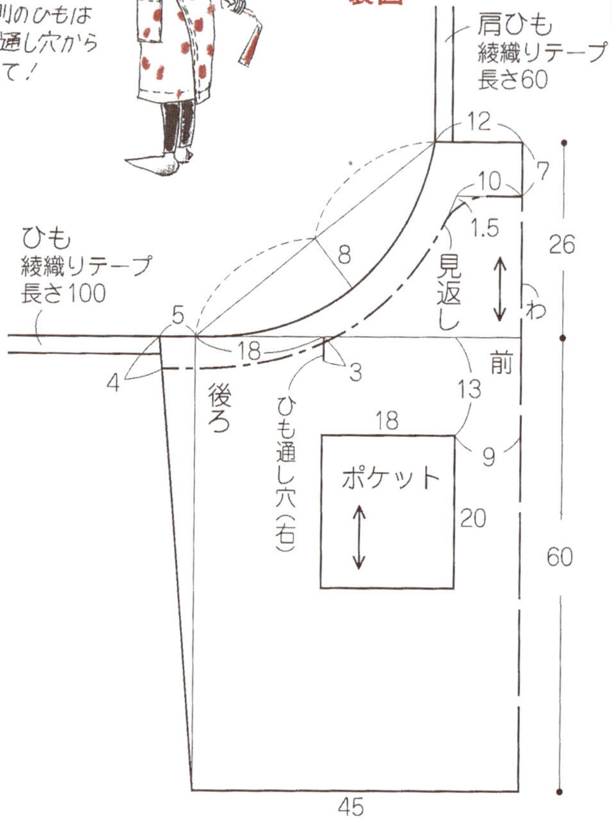

肩ひも
綾織りテープ
長さ60

ひも
綾織りテープ
長さ100

12
10　7
1.5　26
8　見返し　わ
5　　　前
4　18　3
後ろ　13
ひも通し穴（右）　9
18　ポケット　20
60
45

裁ち方

2.5
ポケット　見返し
わ
後ろ　前　110
2
3.5

110cm幅

★指定以外の縫い代は1cm

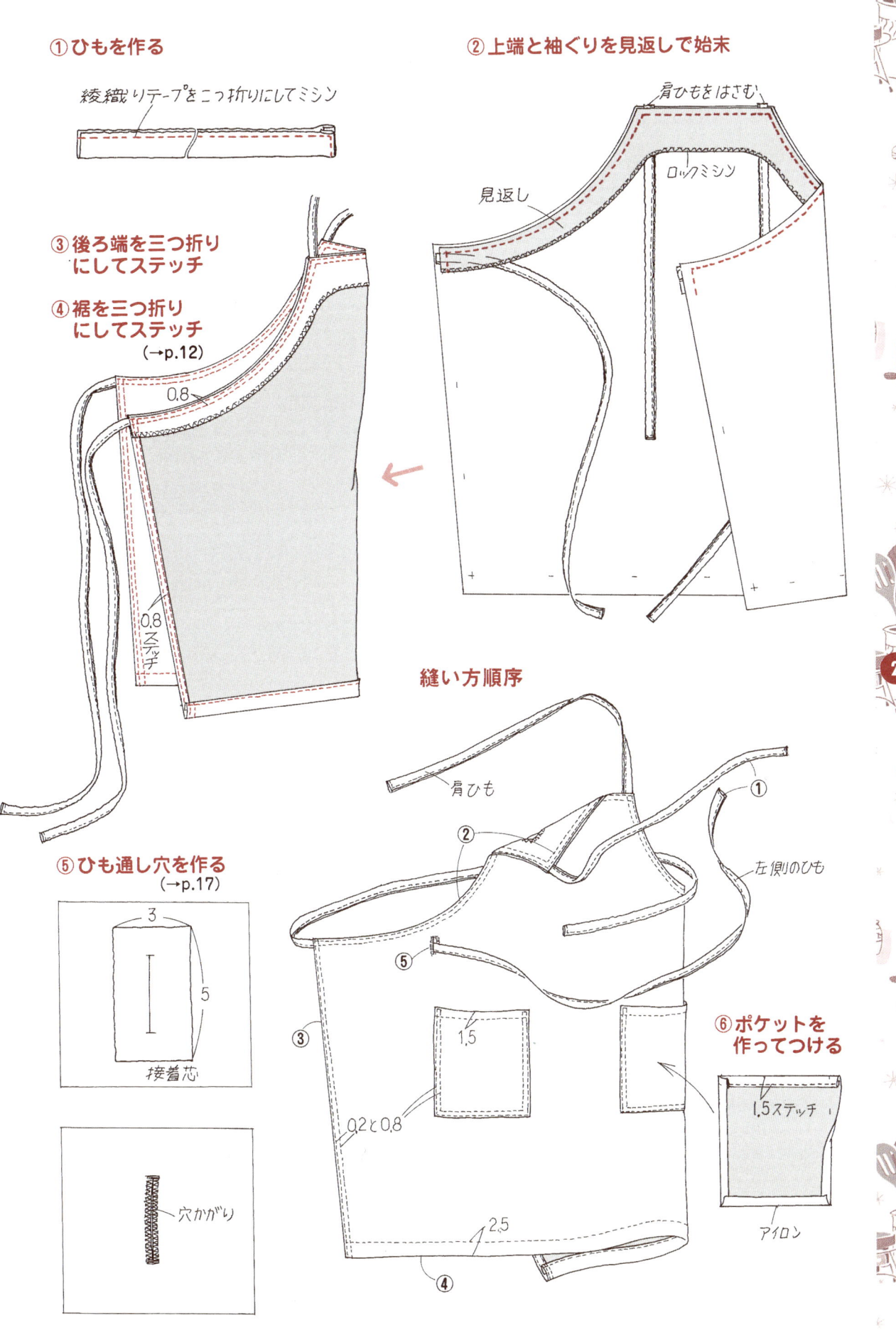

ミニエプロン……1

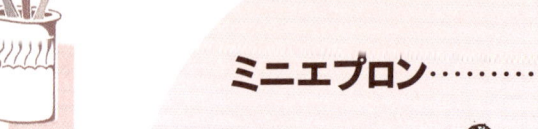
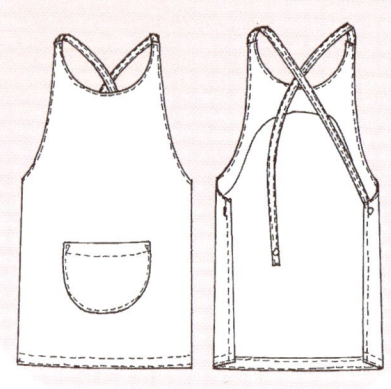

おなかが隠れる程度の
ミニエプロン
小さいけれど汚れる
部分はしっかりカバー。
軽くてスッキリ。
オシャレです

肩ひもは
後ろでクロス

ボタン穴が
めんどうだったら
ひもの長さを決めて
縫いつけてもOK
（着てみて決めて!）

材料

布地‥‥110cm幅を80cm
ボタン‥‥直径1.8cmを2個
■ 肩ひもを綾織りテープにする場合
綾織りテープ‥‥2.5cm幅を2m40cm

製図

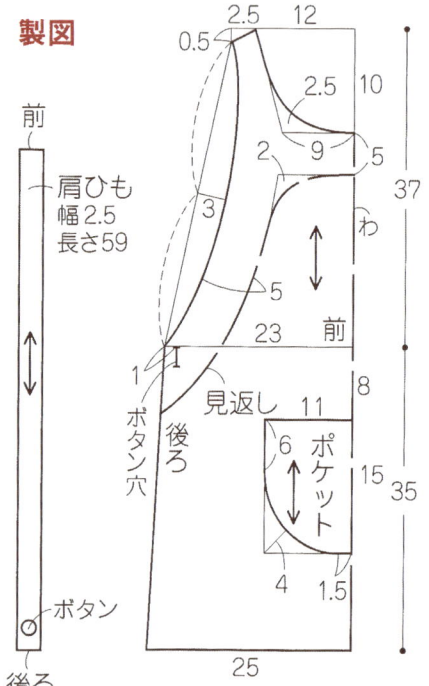

裁ち方

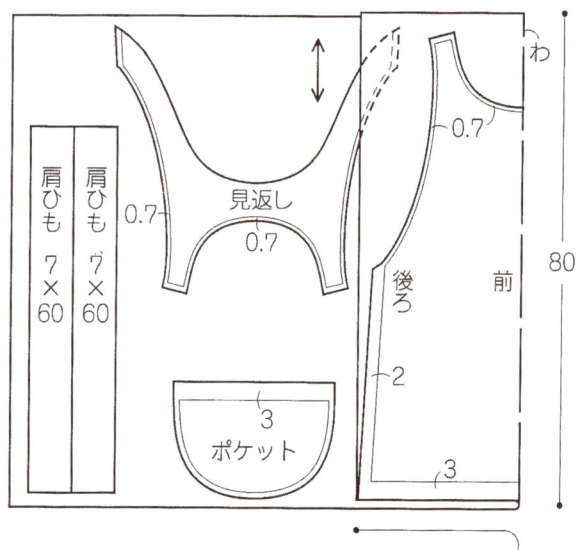

★指定以外の縫い代は1cm

縫い方順序

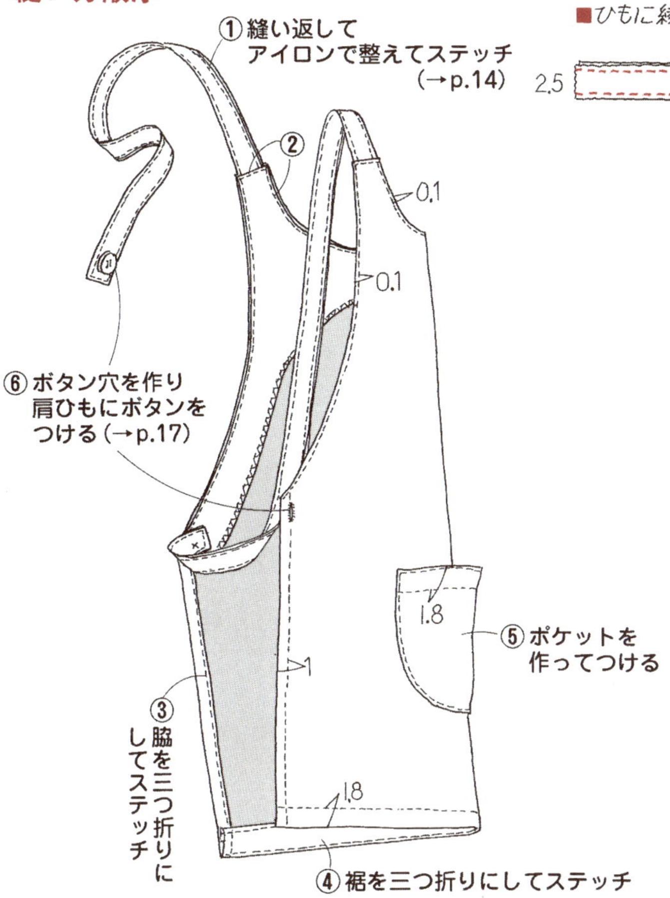

①縫い返して
アイロンで整えてステッチ
(→p.14)
②
0.1
0.1
⑥ボタン穴を作り
肩ひもにボタンを
つける(→p.17)
1.8
⑤ポケットを
作ってつける
1
③脇を三つ折りにしてステッチ
1.8
④裾を三つ折りにしてステッチ

■ひもに綾織りテープを使う場合

2.5
わ
60

②衿ぐり、袖ぐりを見返しで始末

カーブ部分
に切込み
0.5
見返し

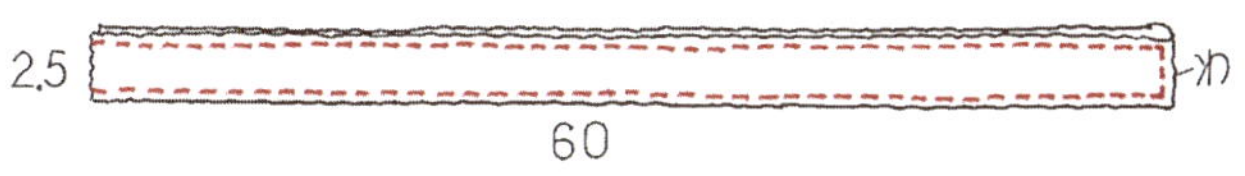

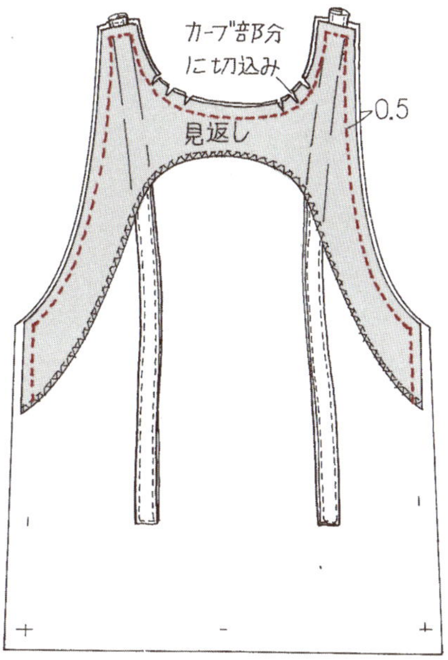

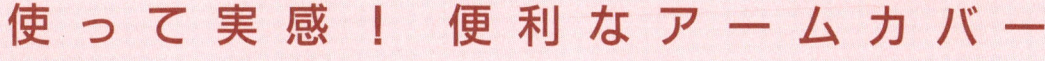

使って実感！ 便利なアームカバー

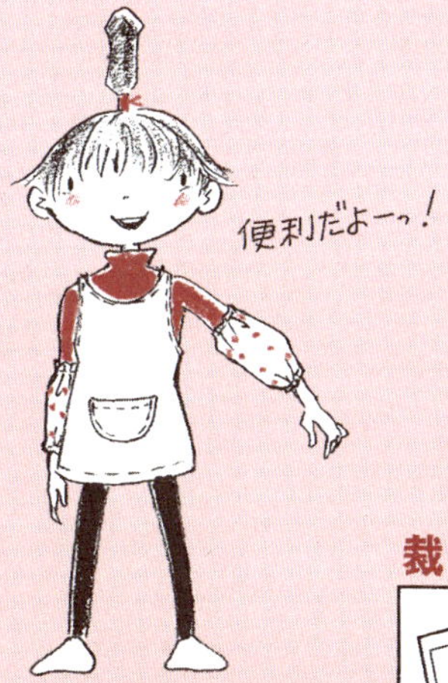

便利だよーっ！

製図

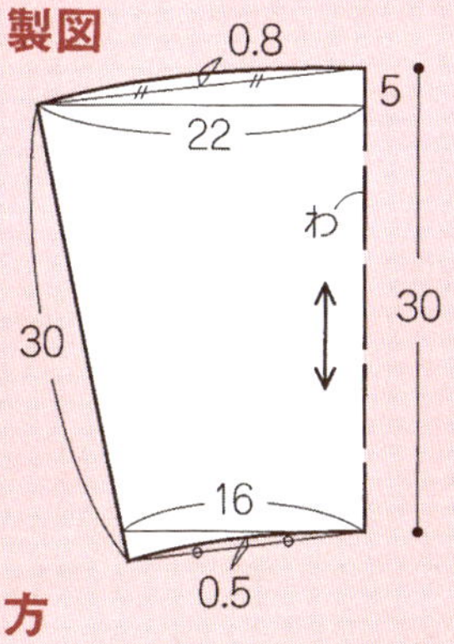

0.8
22
5
わ
30
30
16
0.5

裁ち方

2
40
2
110cm幅

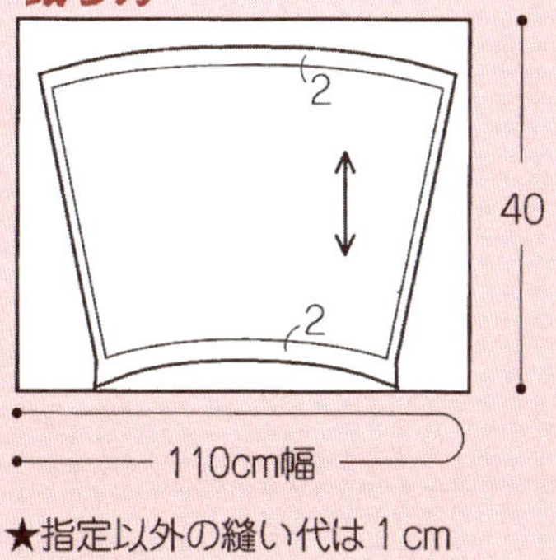

★指定以外の縫い代は1cm

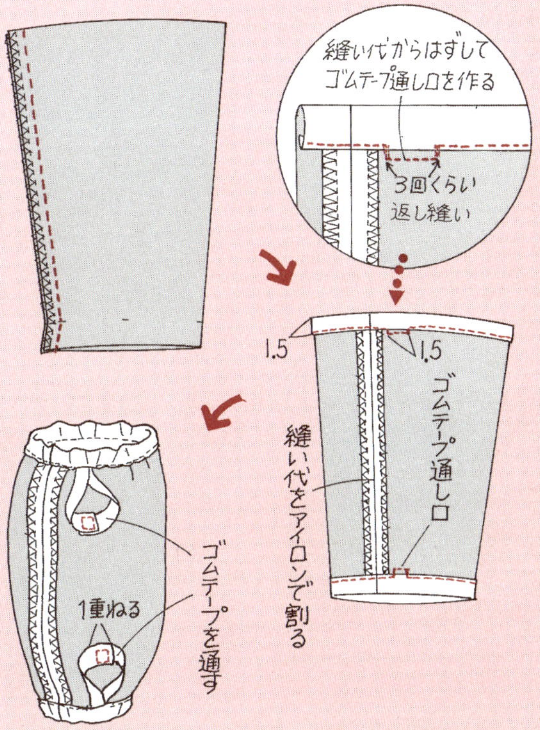

縫い代からはずして
ゴムテープ通し口を作る
3回くらい
返し縫い
1.5
1.5
ゴムテープ通し口
縫い代をアイロンで割る
ゴムテープを通す
1重ねる

ミニエプロン……2

大きなポケットのエプロン

縁とりが苦手な人は
ひもをはさんで2枚縫い
合わせて作るリバーシブルも
かわいい！

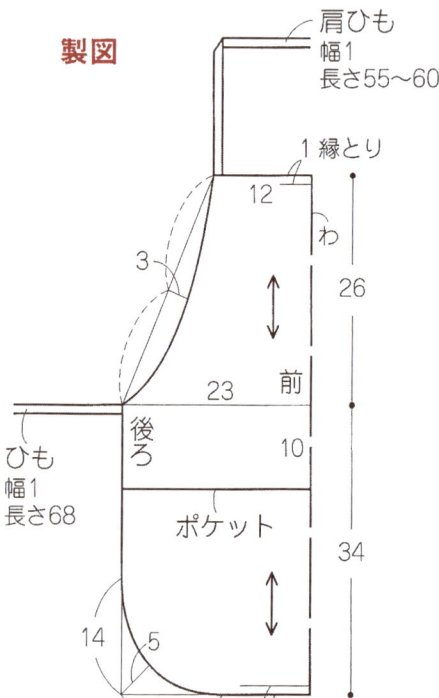

首にかけるタイプ
ひもの寸法は必ず
試着してから決めて！

材料

布地 ‥‥ 110cm幅を90cm

■肩ひも、縁とり布をバイアステープにする場合
市販のバイアステープ　2.2cm幅を2m20cm

製図

- 肩ひも 幅1 長さ55〜60
- 1 縁とり
- 12
- わ
- 3
- 26
- 23 前
- 後ろ
- 10
- ポケット
- 34
- 14　5
- 12
- 1 縁とり
- ひも 幅1 長さ68

裁ち方

- ひも(2本) 3.5×70
- 肩ひも(1本) 3.5×62
- バイアス布
  3.5×26(1本)
  3.5×33(2本)
  3.5×100(1本)
- 3 ポケット わ
- 90
- 後ろ 前
- 110cm幅

★指定以外の縫い代はなし

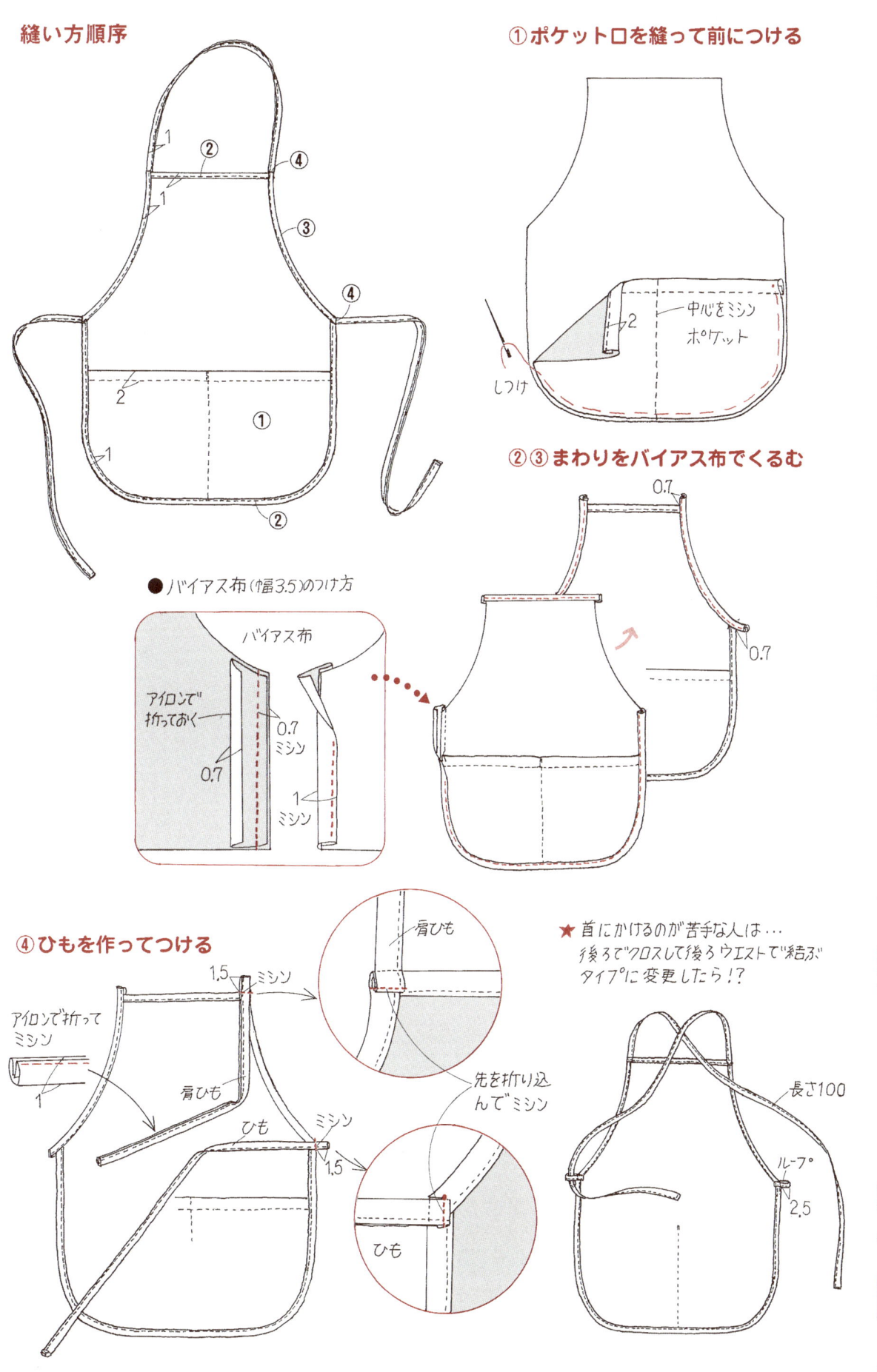

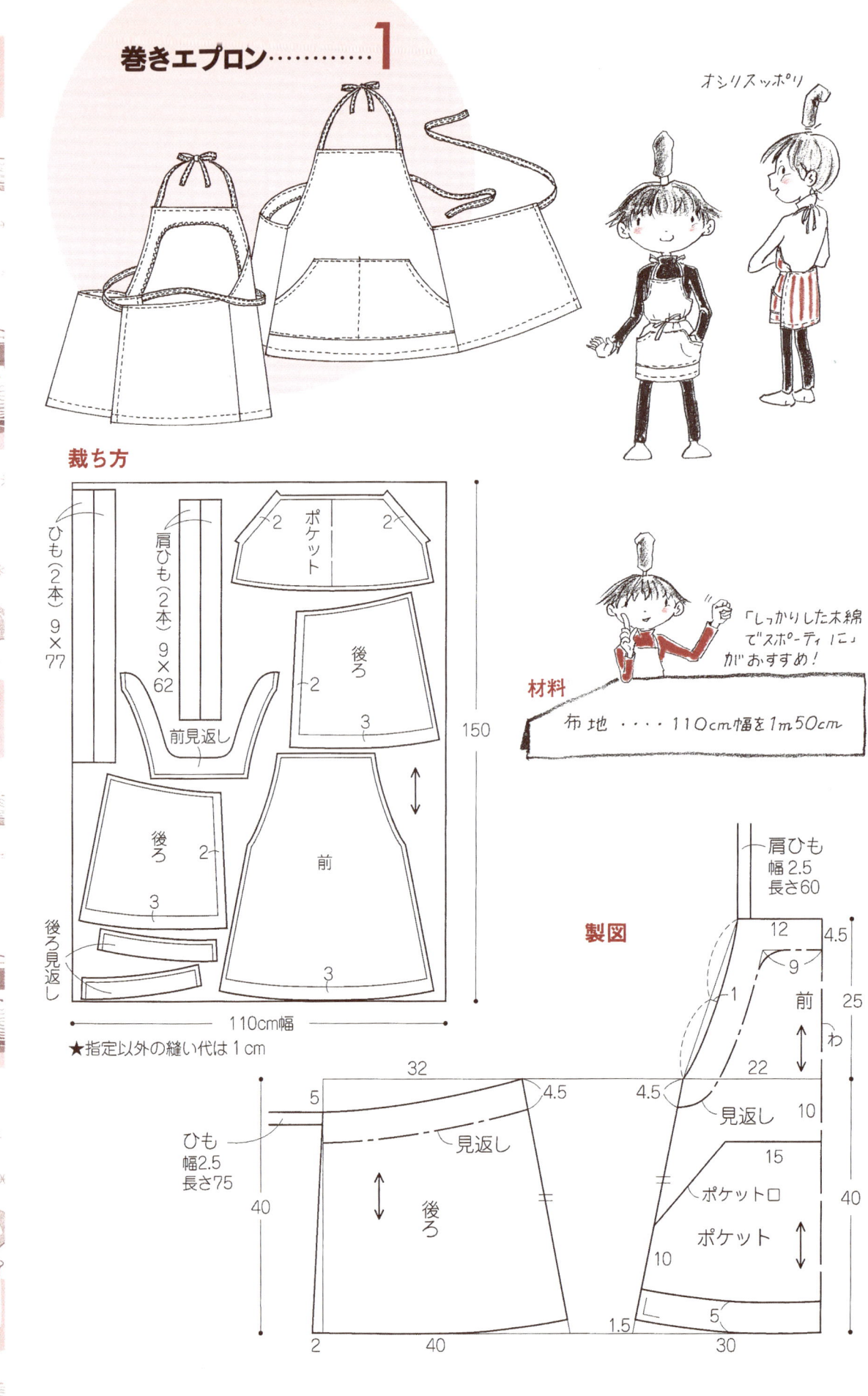

縫い方順序

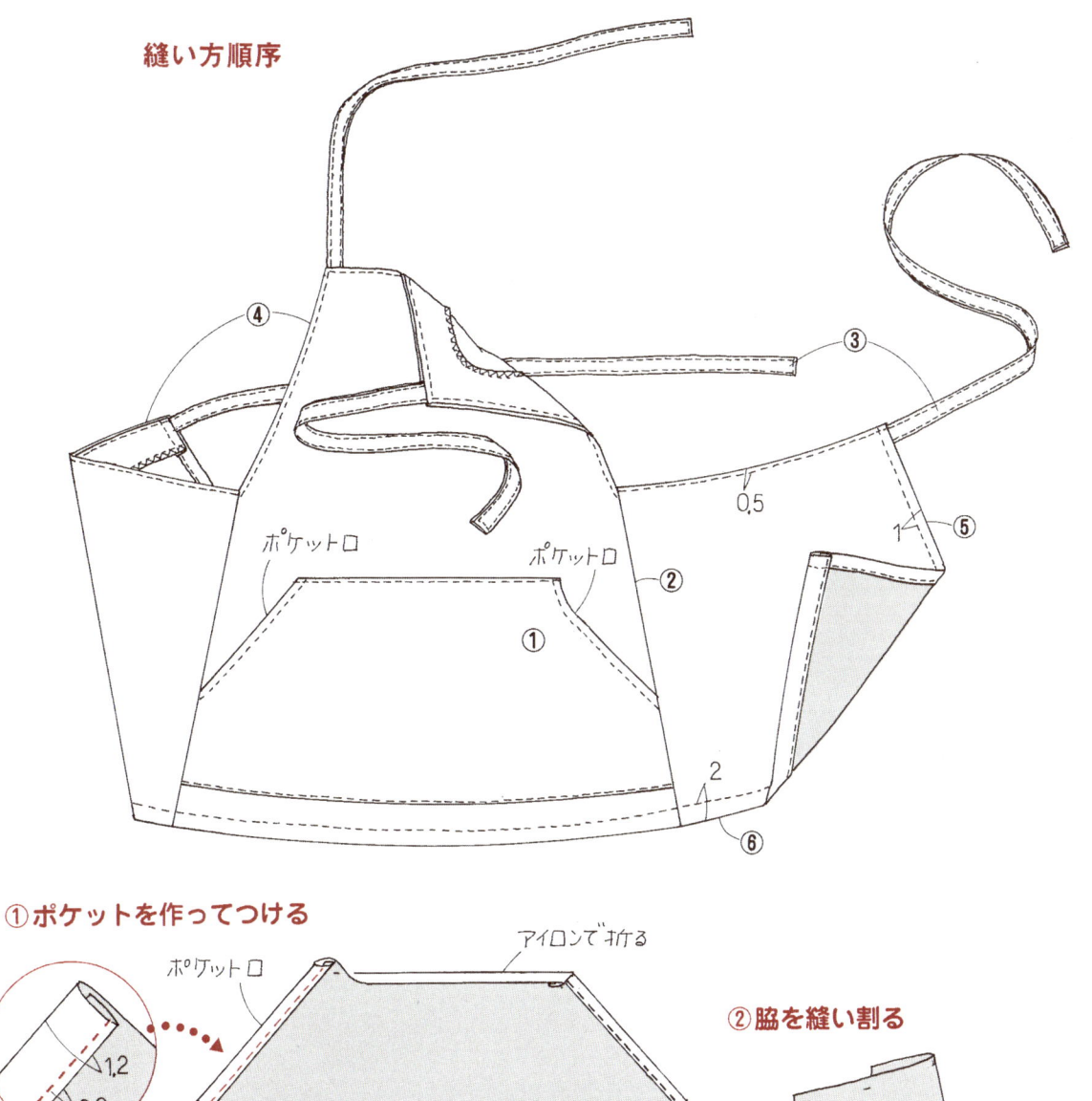

④ ③ 0.5 ⑤ ポケット口 ポケット口 ② ① 2 ⑥

①ポケットを作ってつける

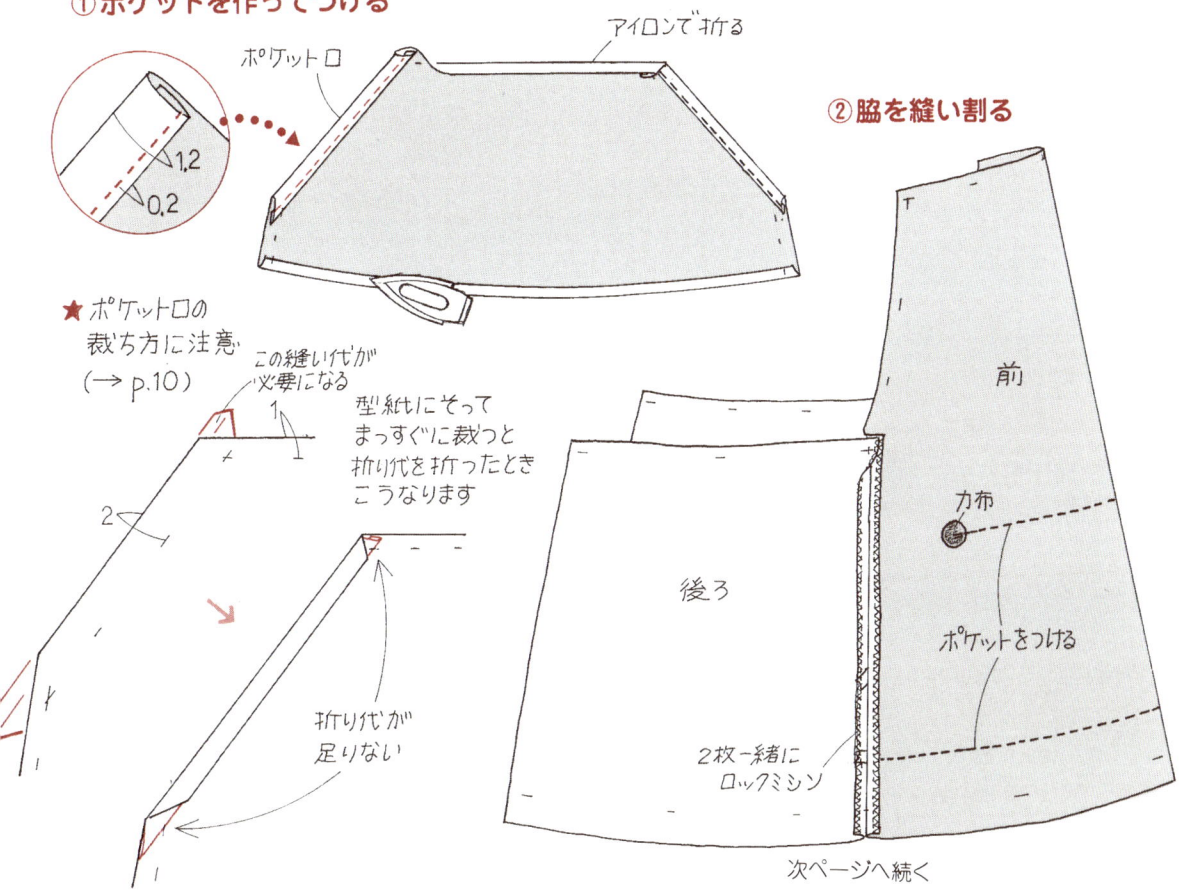

ポケット口　アイロンで折る
1.2
0.2

②脇を縫い割る

★ポケット口の裁ち方に注意（→p.10）

この縫い代が必要になる

型紙にそってまっすぐに裁つと折り代を折ったときこうなります

1
2

折り代が足りない

前
力布
後ろ
ポケットをつける
2枚一緒にロックミシン

次ページへ続く

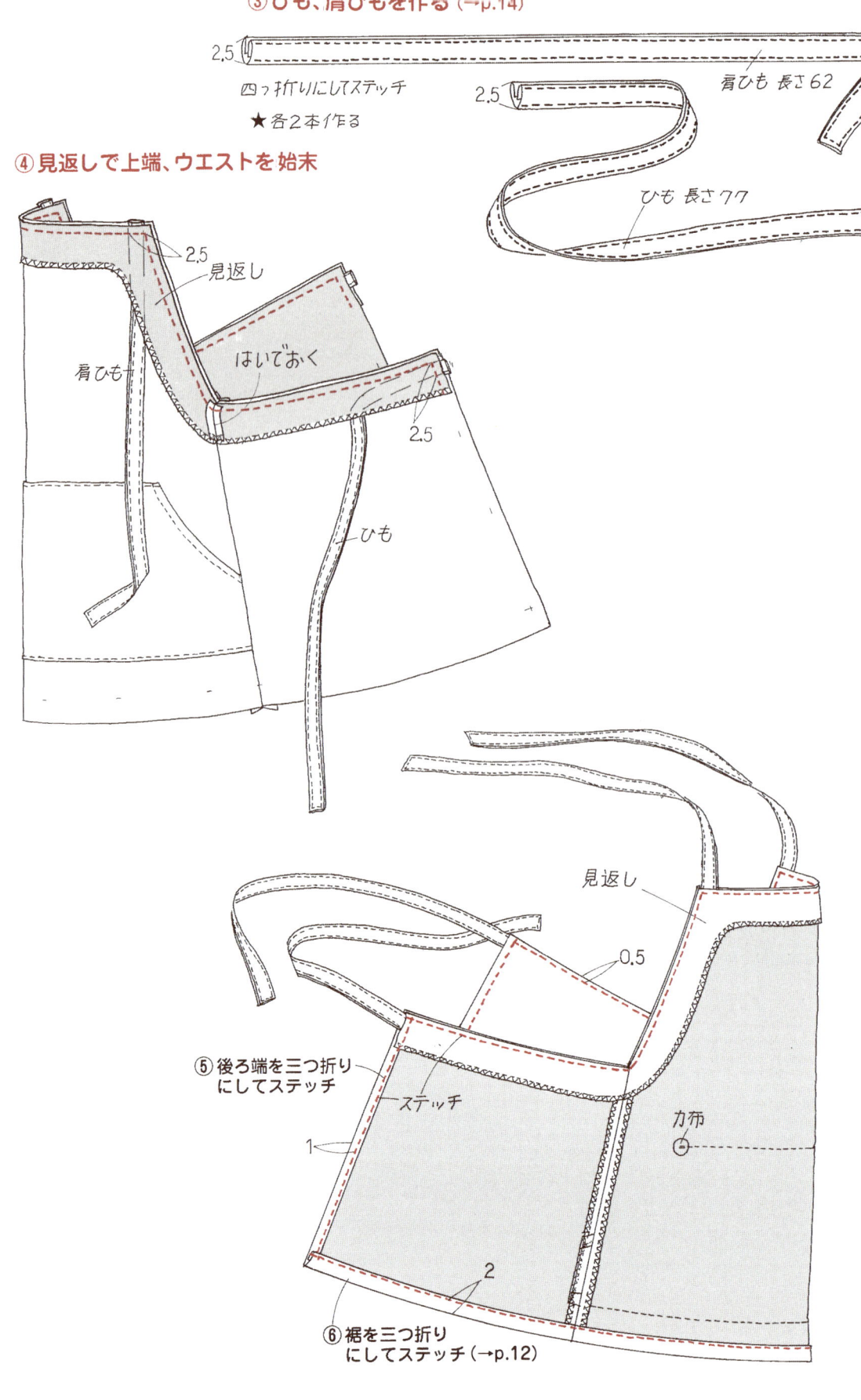

巻きエプロン……2

薄手木綿やポリエステルなどの布地を使うとエレガント。体によくなじみ、軽い

袖ぐりの始末に市販のバイアステープを使う場合は1.2cm幅を70cm用意してください

材料

布地…110cm幅を2m10cm

製図

肩ひもを通す
16
肩ひも（1本）幅1.5 長さ130
4 見返し
1.5
28
1
25
わ
2.5
15
0.5 4 見返し
ひも通し口（右のみ）
16
10
ポケット
18
11
32
ひも 幅2 長さ95
75
後ろ
前
75
1
10 42 3 35

裁ち方

後ろウエスト見返し
見返し
肩ひも（1本）5×130
ポケット
3
0.7
バイアス布 3×33（2本）
前
わ
1.5
ひも 6×97
2.5
210
後ろ
1.5 1.5
2.5

110cm幅

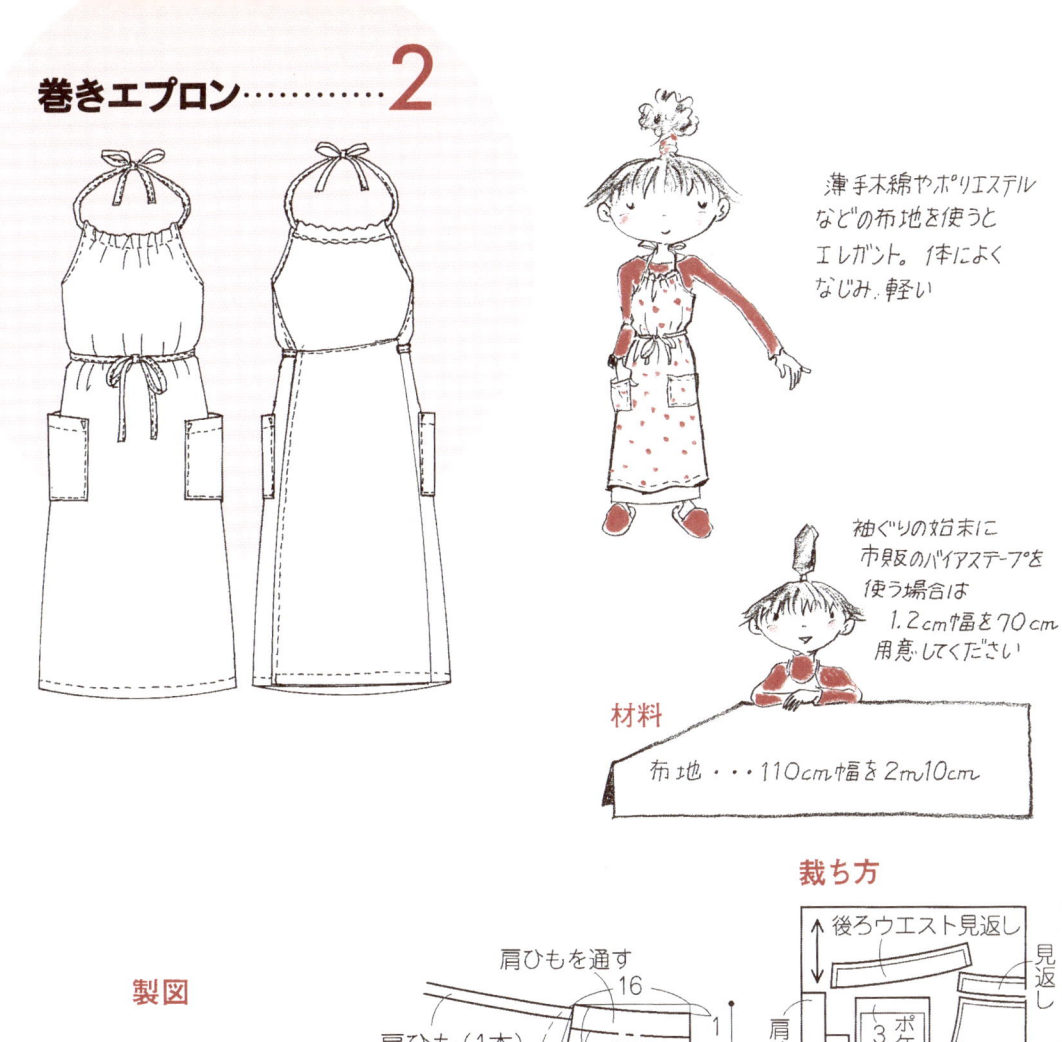

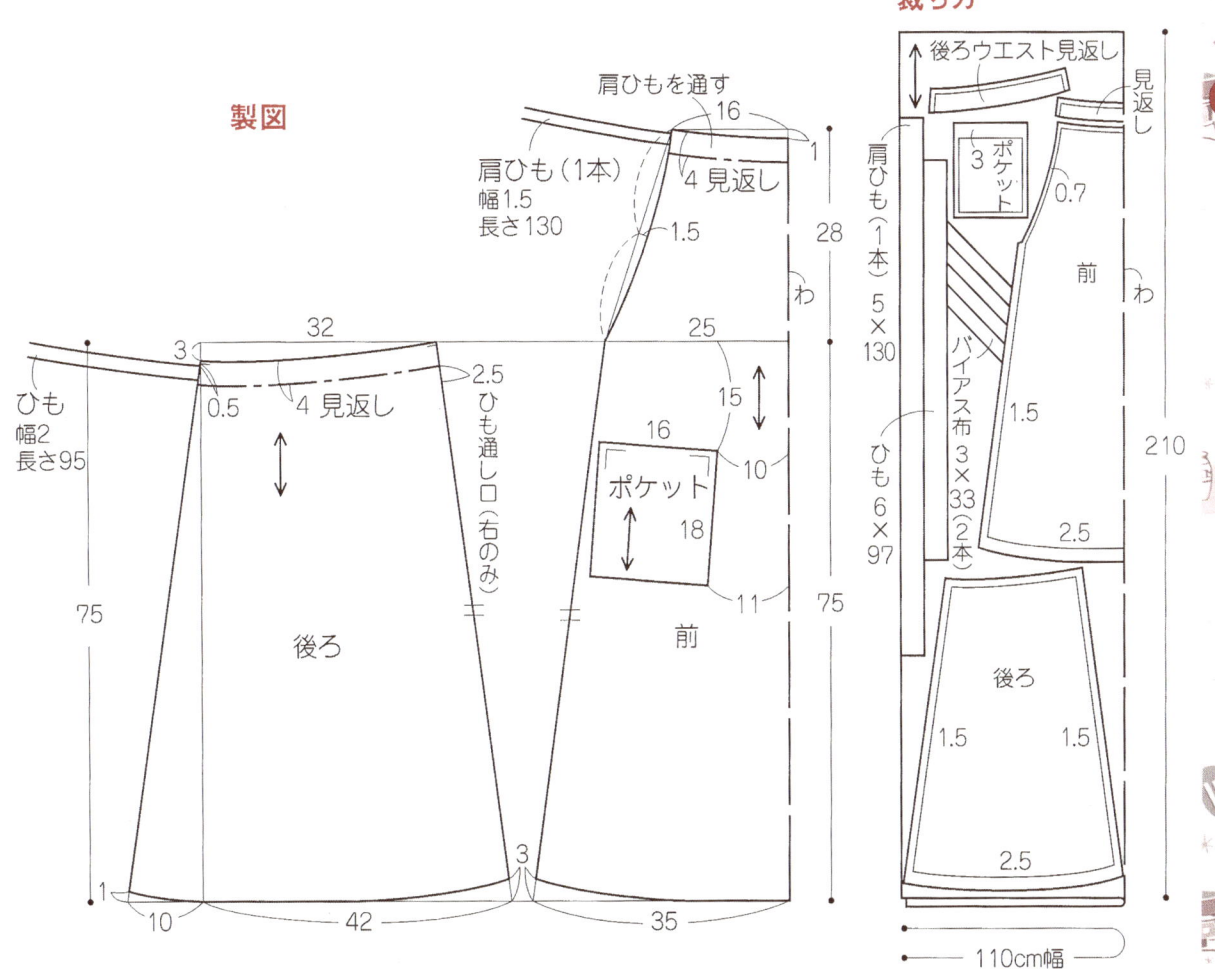

★指定以外の縫い代は1cm

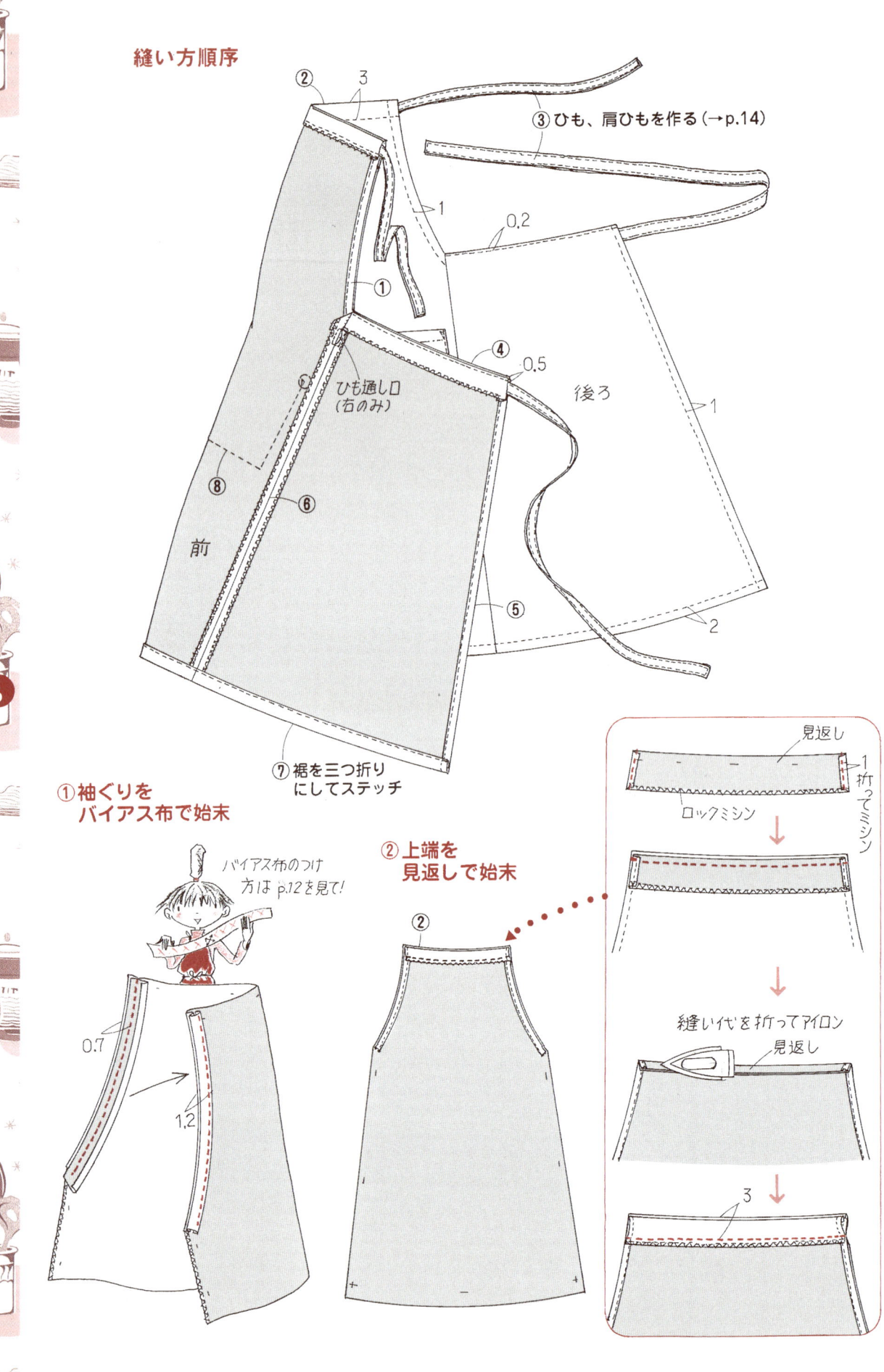

④後ろウエストを見返しで始末

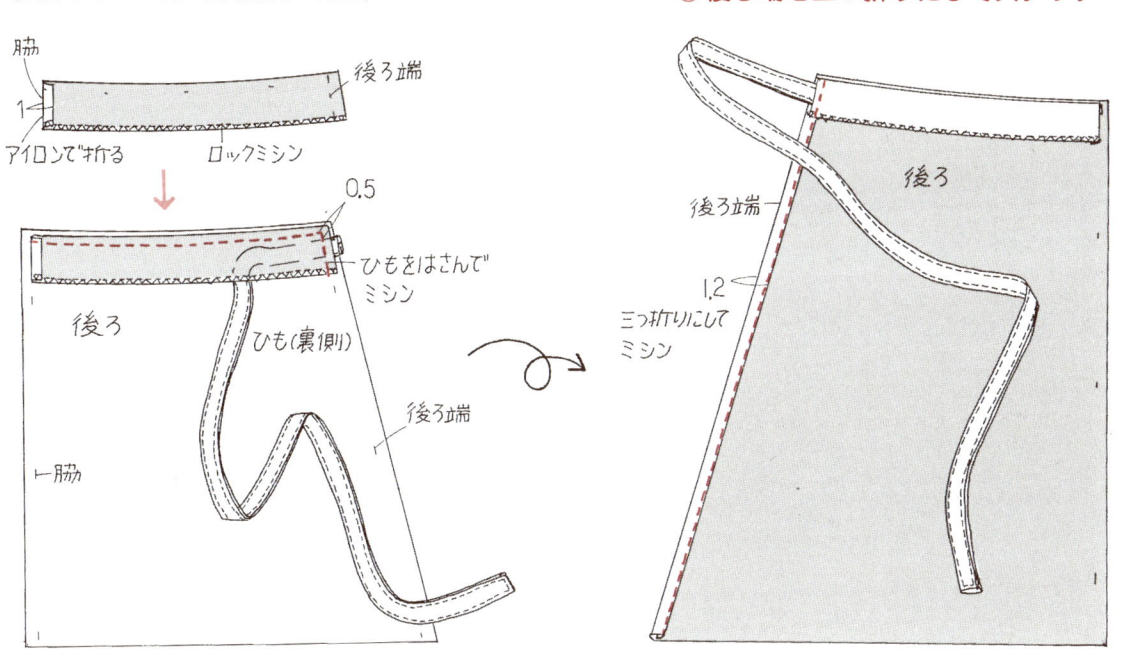

脇
1
アイロンで折る
ロックミシン
後ろ端

0.5
ひもをはさんでミシン
後ろ
ひも(裏側)
後ろ端
脇

⑤後ろ端を三つ折りにしてステッチ

後ろ端
後ろ
1.2
三つ折りにしてミシン

⑥脇を縫う（右側はひも通し口を縫い残す）

前
まつる
見返し
後ろ
ひも通し口のまわりにミシン
脇

前
4
2.5 ひも通し口を縫い残す(右のみ)
ミシン
後ろ
ミシン
後ろ
前

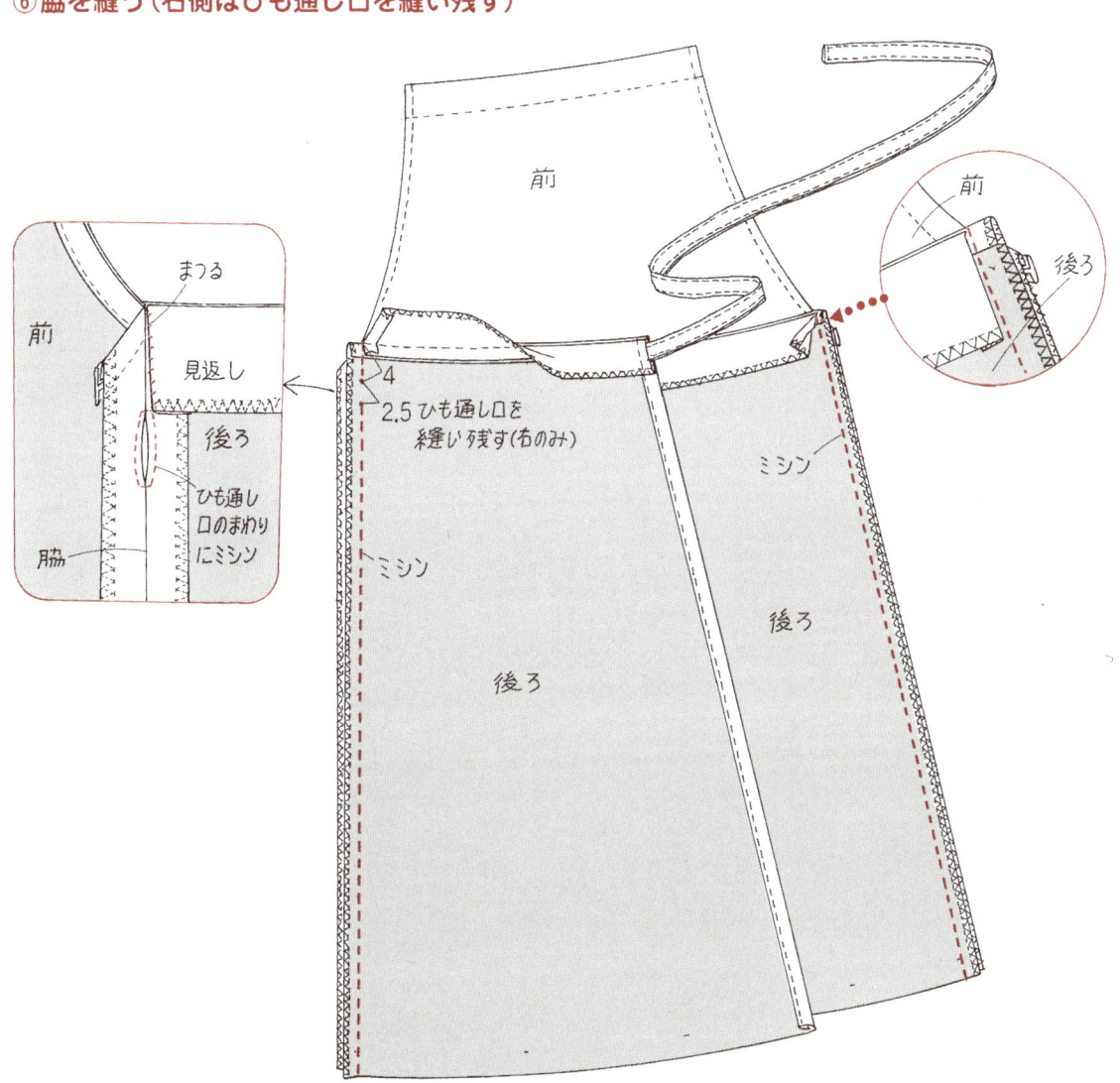

ストレートエプロン…1

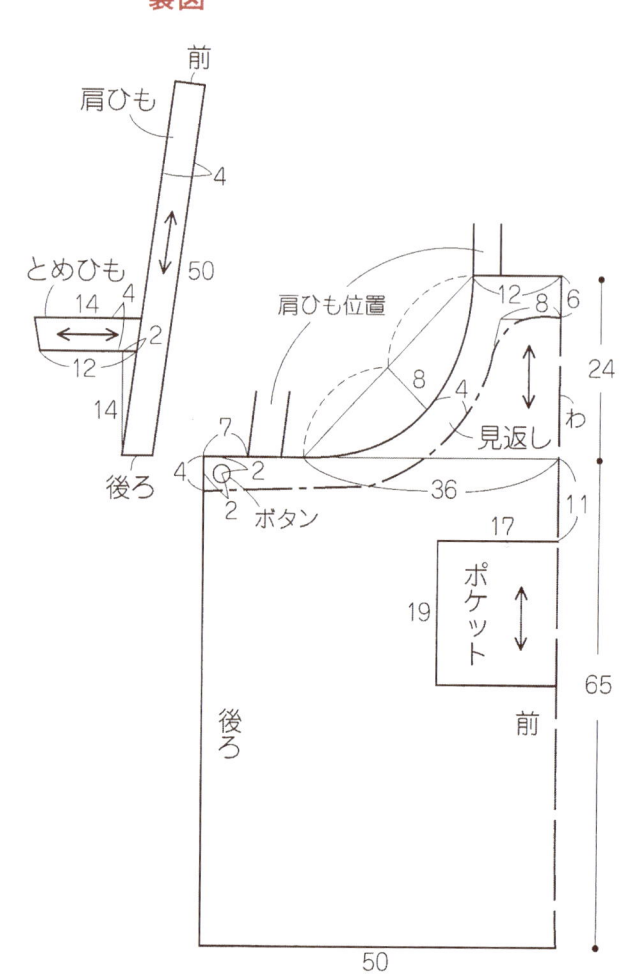

材料
布地 ・・・ 110cm幅を1m50cm
ボタン ・・・ 直径1.8cmを11個

製図

肩ひも 前 4 50
とめひも 14 4 2 12 14
後ろ 4 2 ボタン
肩ひも位置 12 8 6
8 4 見返し わ 24
36 11
17 ポケット 19
前 後ろ 65
50

裁ち方

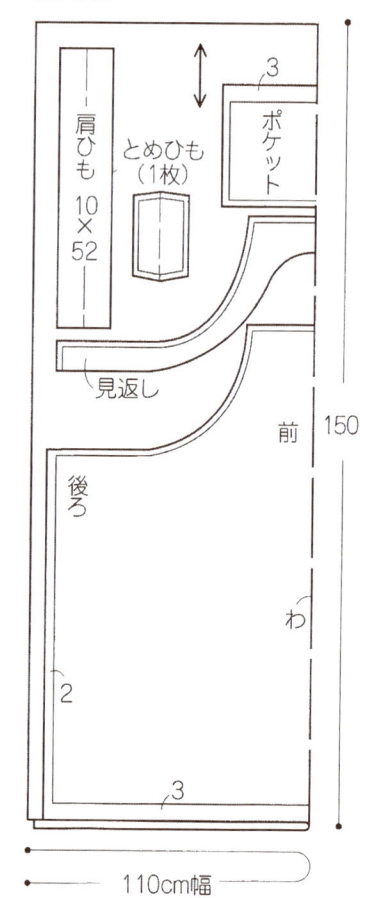

肩ひも 10×52
とめひも (1枚)
ポケット 3
見返し
後ろ
前 わ
2
3
150
110cm幅

★指定以外の縫い代は1cm

①肩ひもを作る

表に返してアイロンで整える
2本作る

肩ひも

表に返す

とめひも

4
14
4 1

わ　0.5
0.5　わ

とめひも
わ　0.5

とめひもをはさんでステッチでとめる

0.5
表に印をしっかりつけておく

とめひもをのせてミシンでとめてもOK！

端にロックミシン
ミシン
裏側

②上端と袖ぐりを見返しで始末

片方をつけたらこちら側も同様につける

見返し

つれる部分に切込み

4
0.5

7

前

裏側

肩ひも（裏側）

この辺かな‥‥

必ず試着してみて！
ウエストの落着きがいいように肩ひもの長さを決めよう
ひもを長くしてボタンどめにしてもいいね

②　①

⑥ボタン、ボタン穴を作る（→p.17）

0.5

1

2

ウエストがちょっと大きめな人はタブをつけて寸法を調節して！

タブ

⑤ポケットを作ってつける

2
0.2
中心を縫いとめる

③後ろ端を三つ折りにしてステッチ

④裾を三つ折りにしてステッチ

ストレートエプロン…2

たっぷりサイズの男女共用です

材料

布地 ‥‥ 120cm幅を1m60cm
接着芯 ‥ 35 × 115cm
ボタン ‥ 直径2.5cmを2個

製図

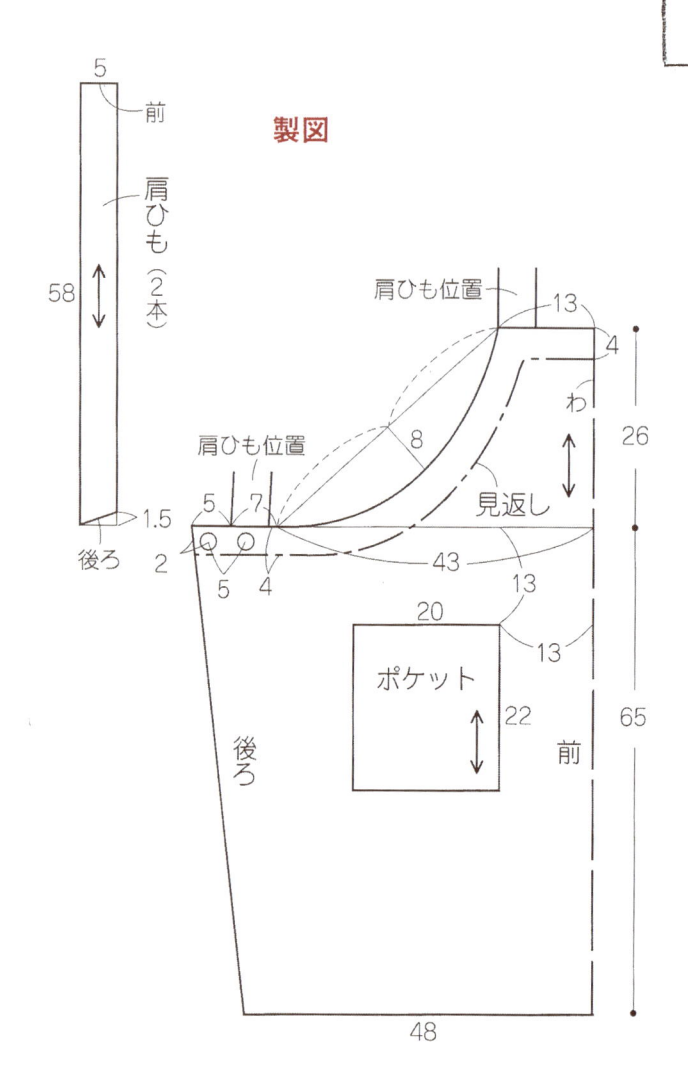

肩ひも（2本） 前 5 / 58 / 後ろ 1.5

肩ひも位置 13 / 4 / わ / 26
8 見返し
肩ひも位置 5 7
2 5 4 / 43 / 13 / 13
見返し
ポケット 20 / 22
後ろ / 前 / 65
48

裁ち方

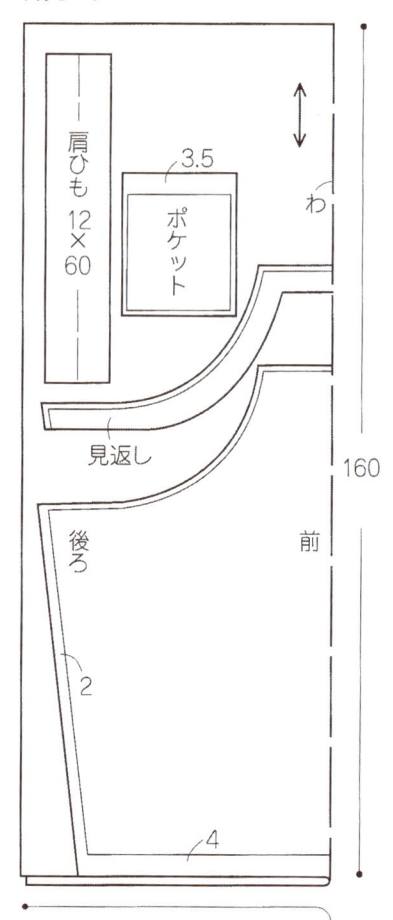

肩ひも 12×60
ポケット 3.5
わ
見返し
後ろ 2 / 前
4
160
120cm幅

★指定以外の縫い代は1cm

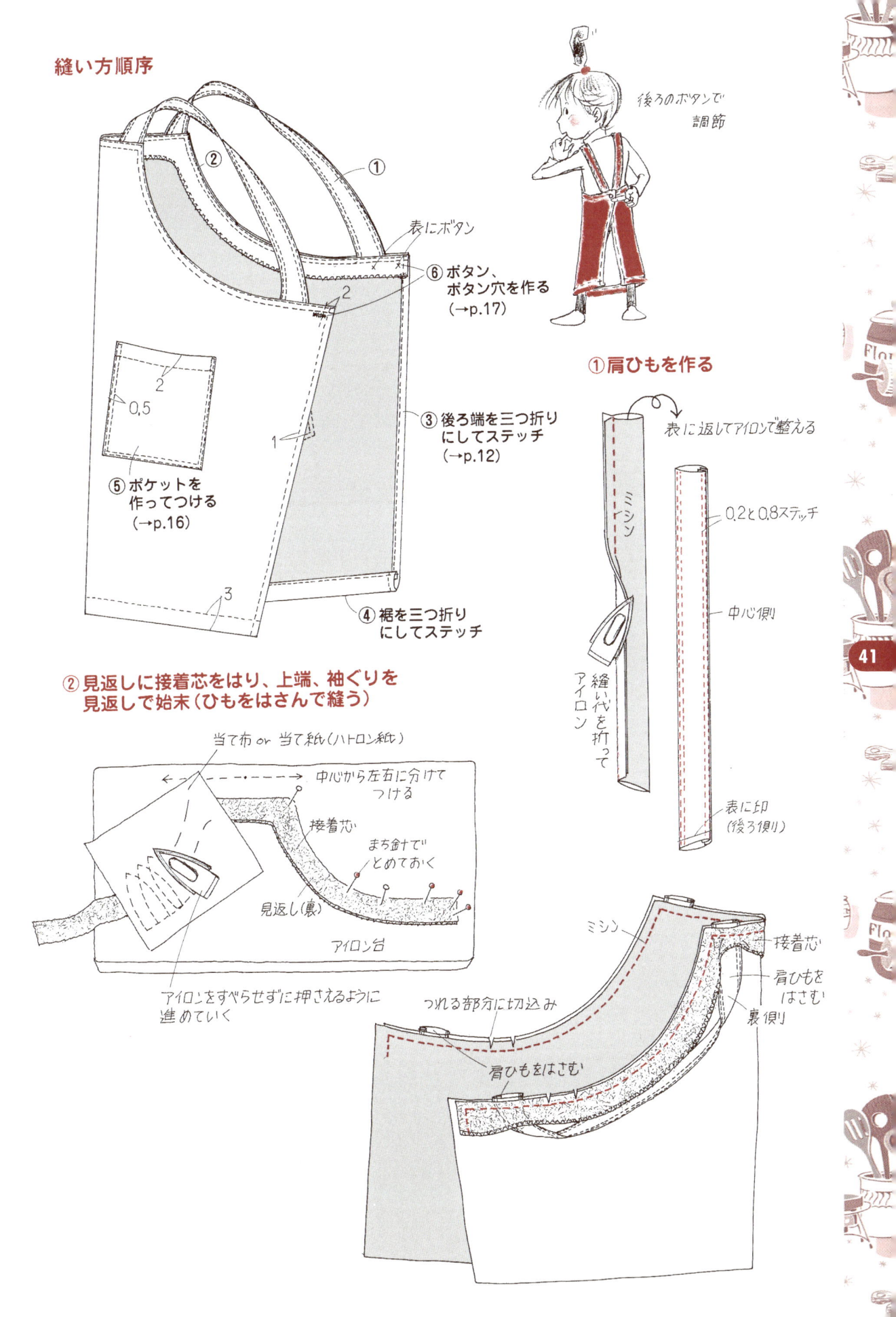

縫い方順序

⑥ ボタン、ボタン穴を作る（→p.17）

表にボタン

③ 後ろ端を三つ折りにしてステッチ（→p.12）

④ 裾を三つ折りにしてステッチ

⑤ ポケットを作ってつける（→p.16）

後ろのボタンで調節

①肩ひもを作る

表に返してアイロンで整える

ミシン

縫い代を折ってアイロン

0.2と0.8ステッチ

中心側

表に印（後ろ側）

②見返しに接着芯をはり、上端、袖ぐりを見返しで始末（ひもをはさんで縫う）

当て布 or 当て紙（ハトロン紙）

中心から左右に分けてつける

接着芯

まち針でとめておく

見返し（裏）

アイロン台

アイロンをすべらせずに押さえるように進めていく

ミシン

接着芯

肩ひもをはさむ

裏側

つれる部分に切込み

肩ひもをはさむ

ストレートエプロン…3

体を締めつけないので快適で~す

かぶって着ま~す

材料
布地 ・・・・・・・・ 110cm幅を1m30cm
市販のバイアステープ ・・・ 1.2cm幅を1m80cm

製図

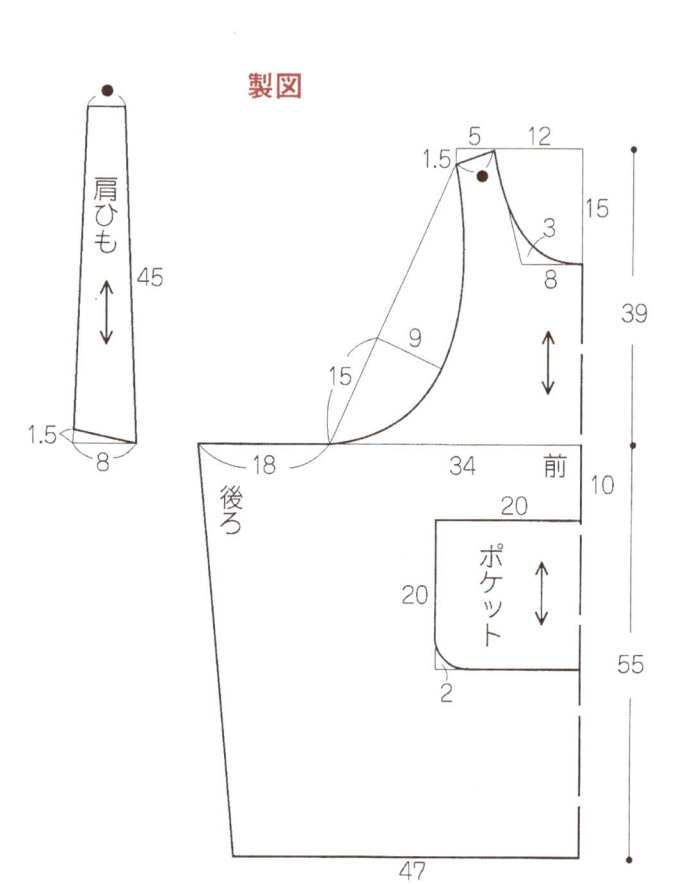

肩ひも 45
1.5 / 8

5 12
1.5
3
15
8
9
15
39
18
34 前
10
20
後ろ
20 ポケット
55
2
47

裁ち方

3 ポケット
肩ひも
2 / 2
0.7
後ろ 2
前 わ
130
4
110cm幅

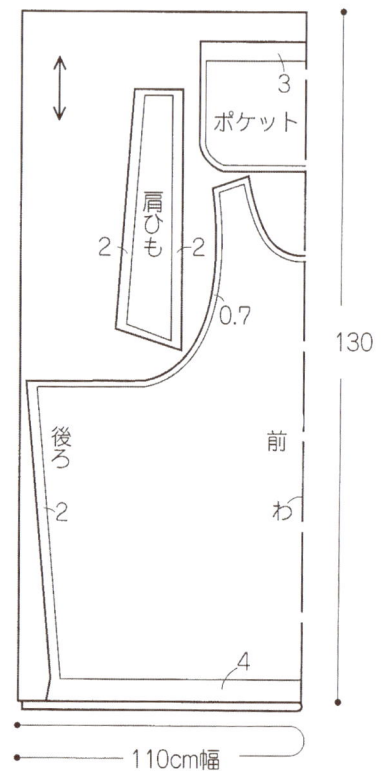

★指定以外の縫い代は1cm

縫い方順序

③ ⑤ (→p.12)
③ ②
④ (→p.12)

力布
ポケットの中心を縫いとめる
0.8
⑦
① 三つ折りにしてステッチ
3
⑥ 裾を三つ折りにしてステッチ

② 肩ひもを作る

三つ折りにしてミシン
0.2
0.8
2

③ 肩と肩ひもを縫い合わせる

2枚一緒にロックミシン

⑦ ポケットを作ってつける

2
厚紙

④ 肩ひもをはさんで袖ぐりをバイアステープで始末

出来上りに折る
ミシン
⑤ 袖ぐりと同様に衿ぐりをバイアステープで始末する
縫い代を0.5に切りそろえ、つれる部分に切込みを入れる
バイアステープを表に返してステッチでとめる(→P.12)
出来上りに折る

肩ひも
バイアステープ
後ろ

ストレートエプロン…4
for kids

前をボタン留めにして長さの調節

大人用のエプロンをそのまま Kids サイズに。薄手のデニムなどで作るとどんな服にも合って便利

製図は120cmの身長を目安にしていますが肩ひもの調節で長い間着られます

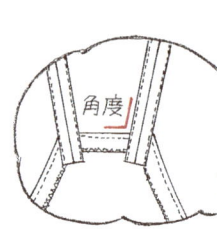

角度

ボタン穴が面倒というときは、ミシンどめにしてもOK! 試し着して丁度いい肩ひもの長さと角度を決めてピンどめしてミシンをかける

製図

4 / 前
肩ひも位置
ボタン穴
10
5
見返し
20
4
2 / ボタン / 後ろ
30
前
10
肩ひも 50
12
ポケット 13
8
1.5
40
わ
1
37

材料

布地	110cm幅を90cm
接着芯	30×40cm
ボタン	直径1.8cmを3個

裁ち方

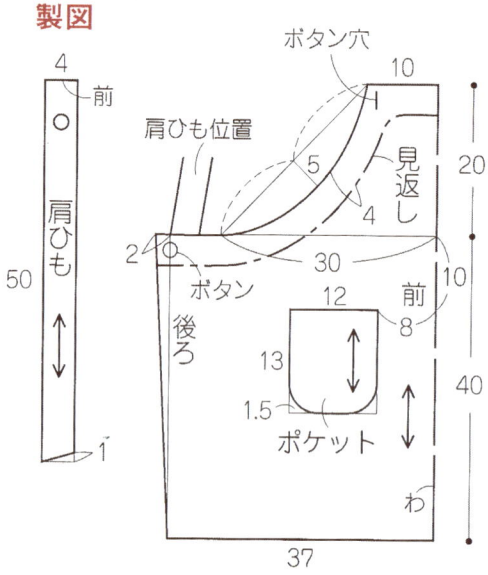

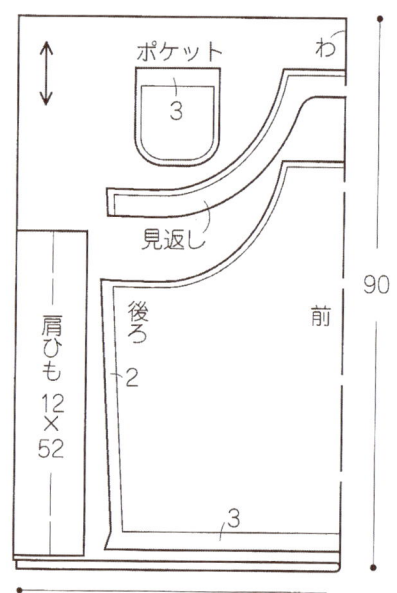

ポケット 3
わ
見返し
肩ひも 12×52
後ろ 2
前
90
3
110cm幅

★指定以外の縫い代は1cm

①肩ひもを作る

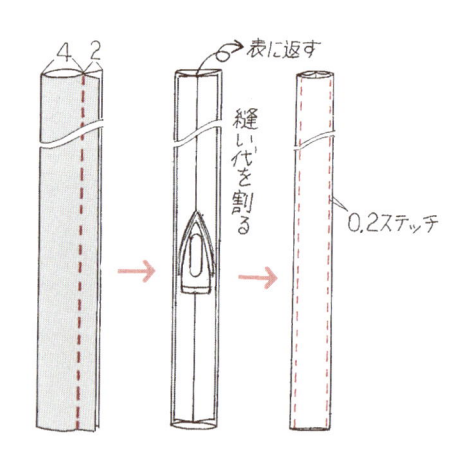

4 / 2
表に返す
縫い代を割る
0.2ステッチ

縫い方順序

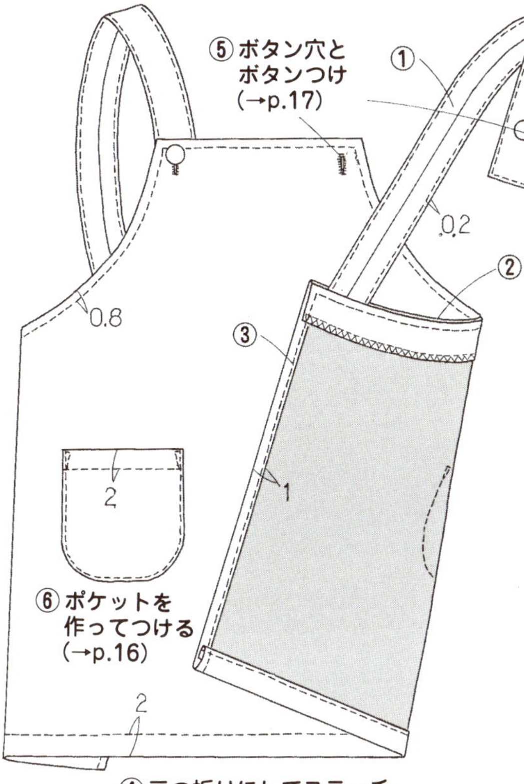

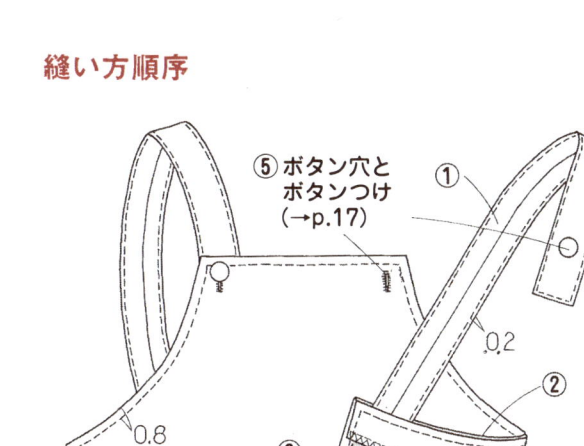

⑤ ボタン穴と
ボタンつけ
(→p.17)

①

②

③

⑥ ポケットを
作ってつける
(→p.16)

④ 三つ折りにしてステッチ
(→p.12)

② 上端、袖ぐりの始末

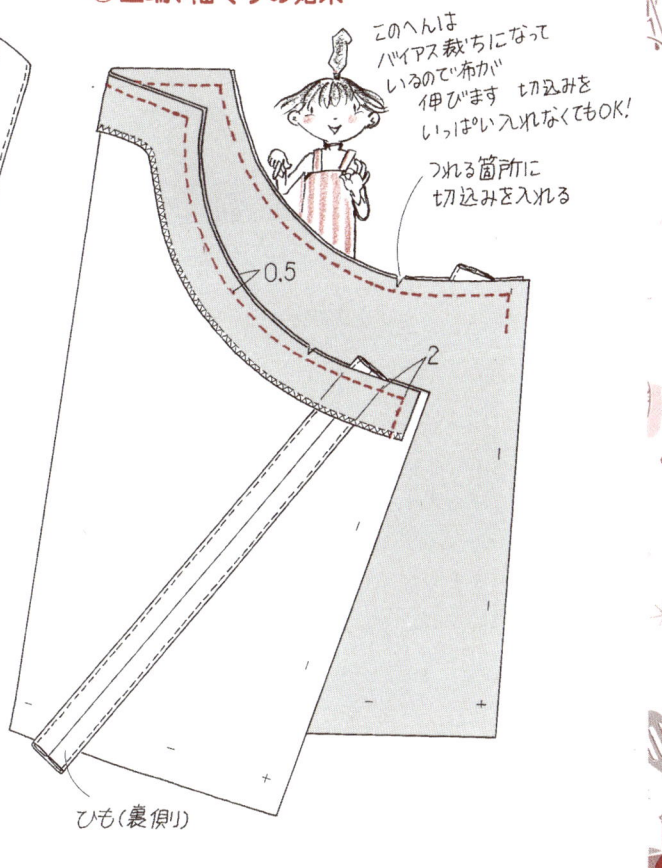

このへんは
バイアス裁ちになって
いるので布が
伸びます 切込みを
いっぱい入れなくてもOK!

つれる箇所に
切込みを入れる

ひも(裏側)

作るのもかぶるのも簡単な三角巾

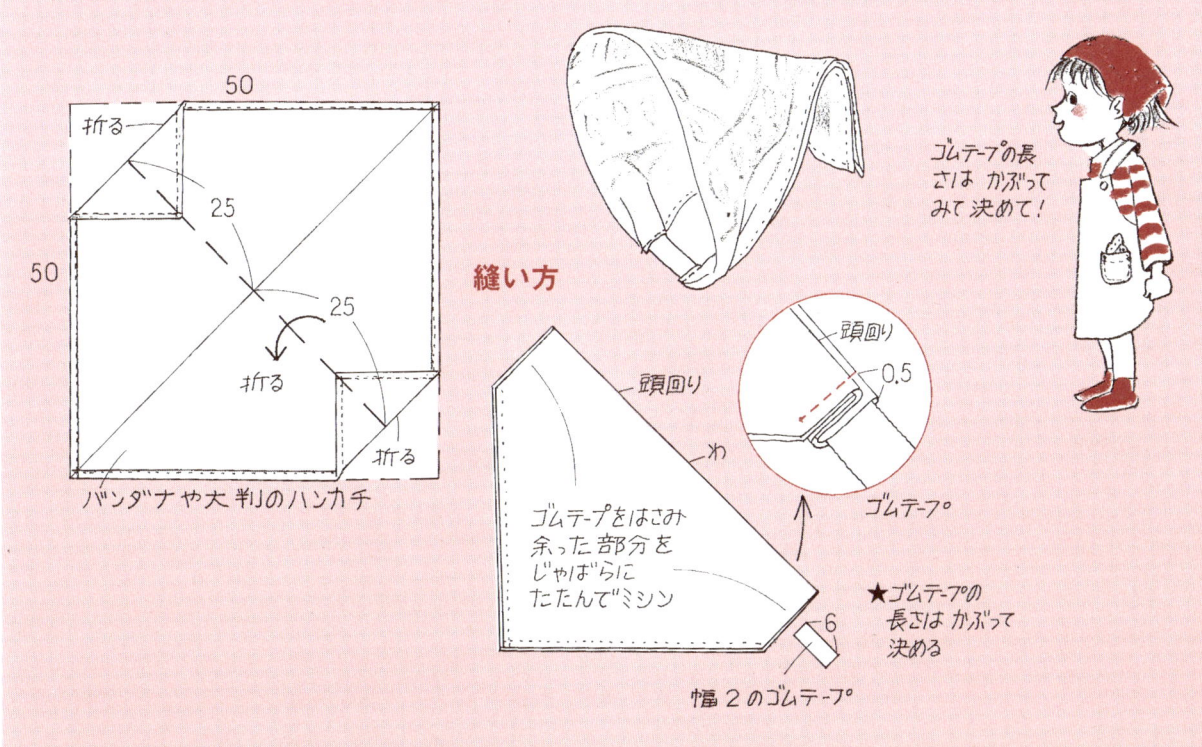

折る
50
25
25
折る
50
折る

バンダナや大判のハンカチ

縫い方

頭回り
頭回り
わ
ゴムテープをはさみ
余った部分を
じゃばらに
たたんでミシン

ゴムテープ
0.5

ゴムテープの長さはかぶってみて決めて!

★ゴムテープの
長さはかぶって
決める

6
幅2のゴムテープ

ストレートエプロン…5

長時間着ていても肩の凝らないエプロンです

後ろで交差しています 頭からすっぽりかぶって着て!

材料

- バイアステープを共布で裁つ場合は
  布地 ‥‥ 110cm幅を1m70cm
- 市販のバイアステープを使う場合は
  布地 ‥‥ 110cm幅を1m60cm
  バイアステープ 1.2cm幅を5m10cm

製図

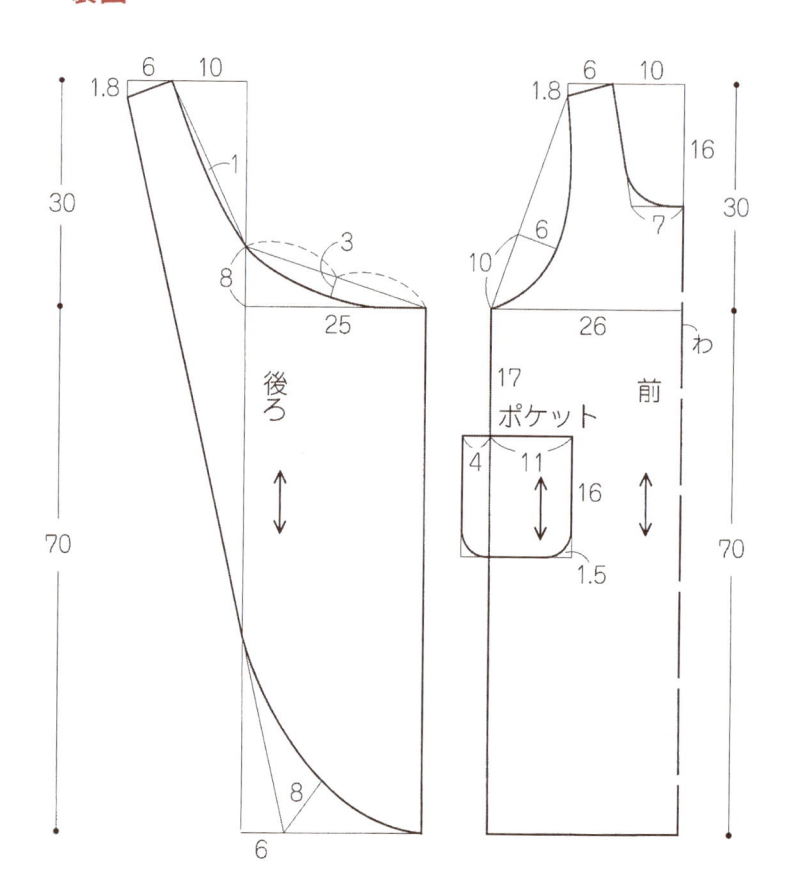

後ろ
前
ポケット

裁ち方

バイアス布 2.5×510
後ろ
前
ポケット
170
110cm幅

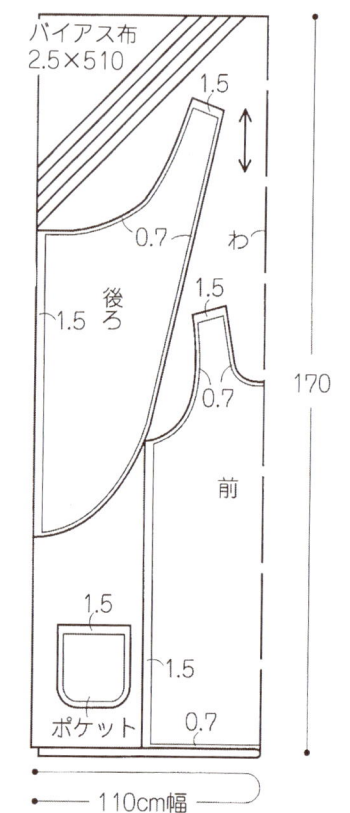

★指定以外の縫い代は1cm

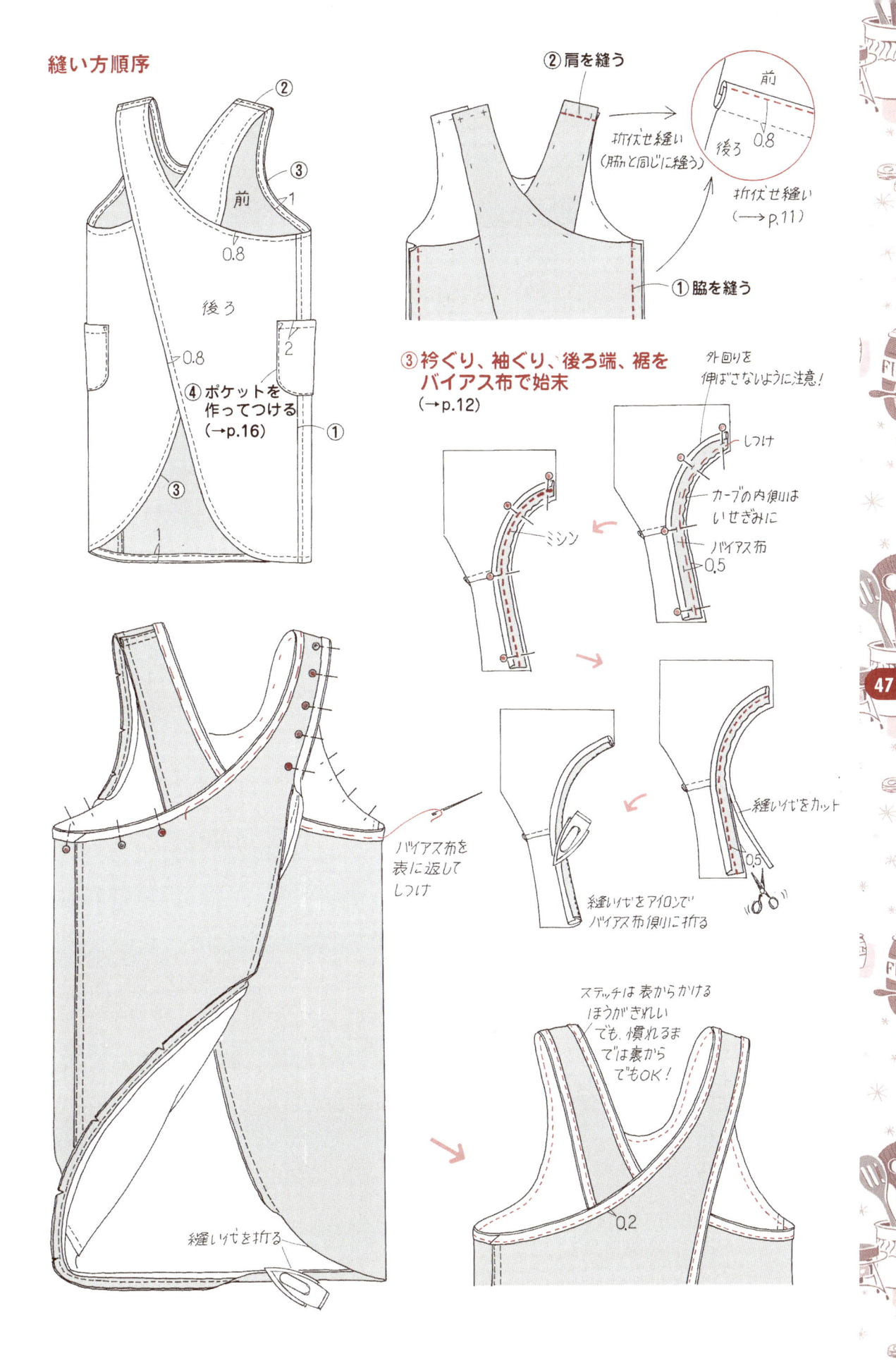

縫い方順序

② 肩を縫う

折伏せ縫い
(脇と同じに縫う)

前
後ろ
0.8

折伏せ縫い
(→p.11)

① 脇を縫う

前
後ろ
0.8

0.8

2

④ ポケットを作ってつける (→p.16)

③ 衿ぐり、袖ぐり、後ろ端、裾をバイアス布で始末 (→p.12)

外回りを伸ばさないように注意!

しつけ

ミシン

カーブの内側はいせぎみに

バイアス布
0.5

縫いしろをカット
0.5

縫いしろをアイロンでバイアス布側に折る

バイアス布を表に返してしつけ

ステッチは表からかけるほうがきれい でも、慣れるまでは裏からでもOK！

0.2

縫いしろを折る

ストレートエプロン…6

お気に入りの布地を見つけたらパッとすぐ作れそう！

ひもを横地で裁てば1m20cmでできます

材料

布地 … 110cm幅を1m60cm
ボタン … 直径1.8cmを1個

製図

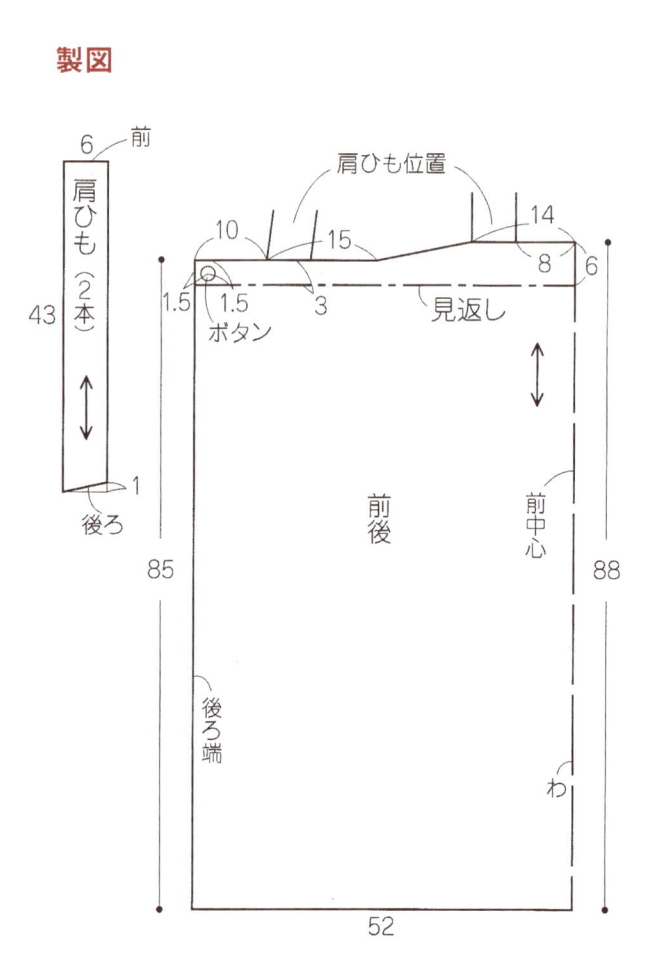

肩ひも（2本） 6 前 43 1 後ろ

肩ひも位置
10 15 14
1.5 1.5 3 8 6
ボタン 見返し

前後 前中心
85 88
後ろ端 わ
52

裁ち方

肩ひも 18×45 わ
見返し
前後 160
2
わ
3

110cm幅

120 (肩ひもを横で裁つ場合)

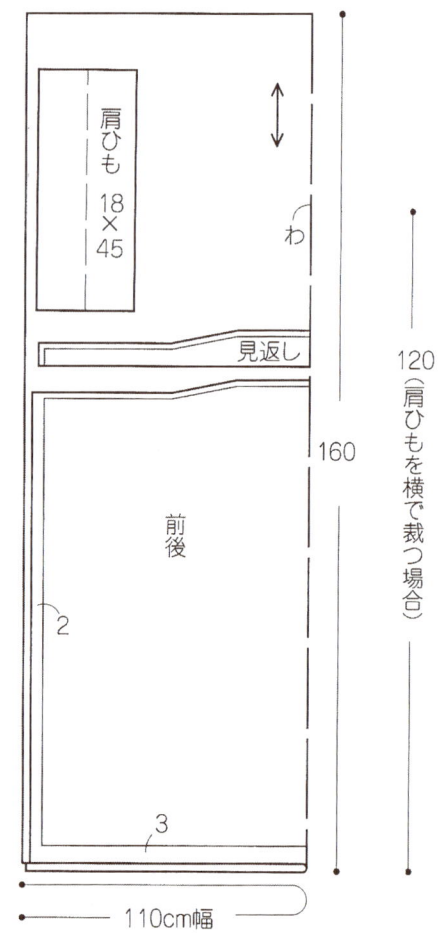

★指定以外の縫い代は1cm

①肩ひもを作る

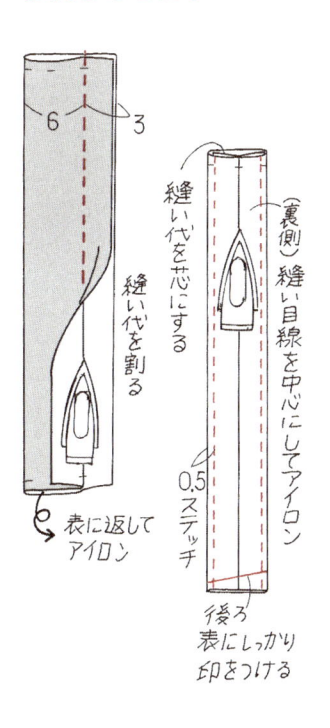

②見返しで上端を始末する（肩ひもをはさむ）

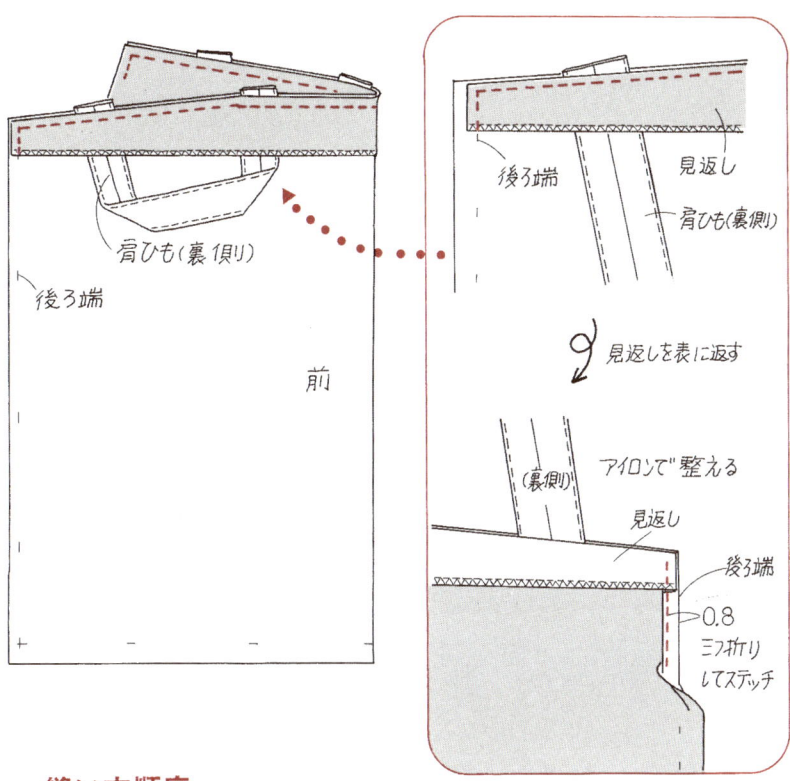

縫い方順序

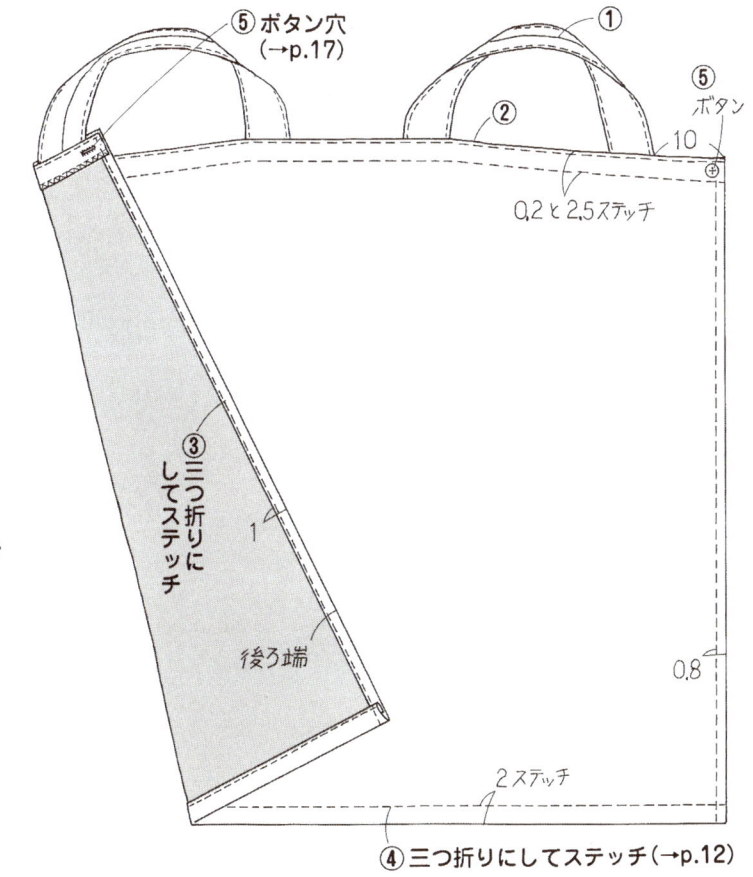

⑤ボタン穴（→p.17）
①
②
⑤ボタン
10
0.2と2.5ステッチ
③三つ折りにしてステッチ
1
後ろ端
0.8
2ステッチ
④三つ折りにしてステッチ（→p.12）

ワンショルダーもすてき！
肩ひものつけ方に
気をつけて
前を左につけたら
後ろは右に

パレオ風エプロン

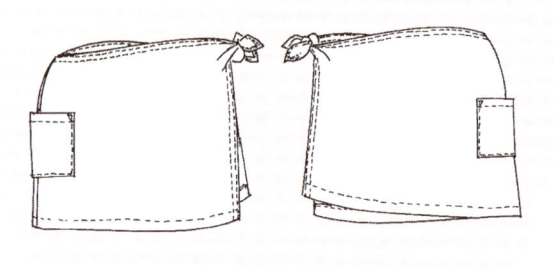

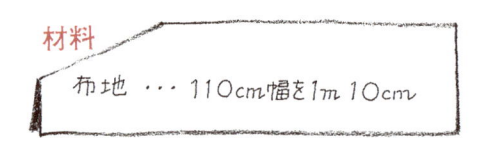

材料
布地 … 110cm幅を1m 10cm

裁ち方

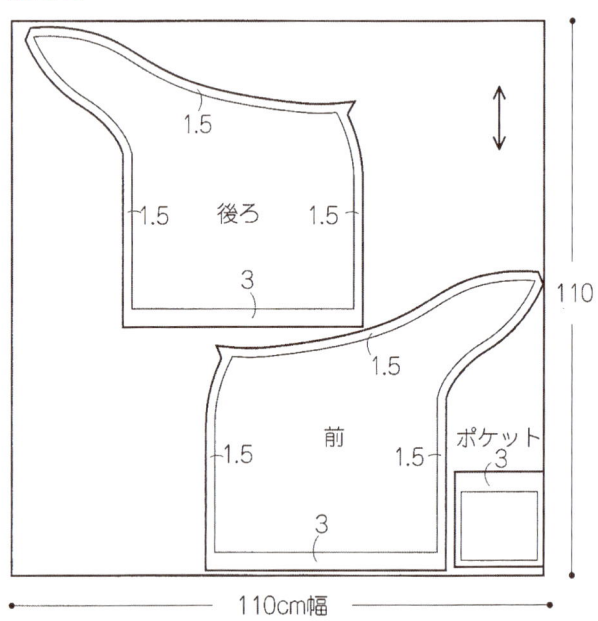

後ろ 1.5 / 1.5 / 1.5 / 3
前 1.5 / 1.5 / 3
ポケット 3
110cm幅 × 110

★指定以外の縫い代は1cm

お料理をして
サッ！とはずして
お客さまの前へ
ステキ！

製図

60 / 5 / 1 / 2.5 / 20 / 15 / 1 / 1
15 / 10 / 12 / 3
53 / 38 / ポケット 14 / 前後 / 30
16 / 脇 / 45 / 65

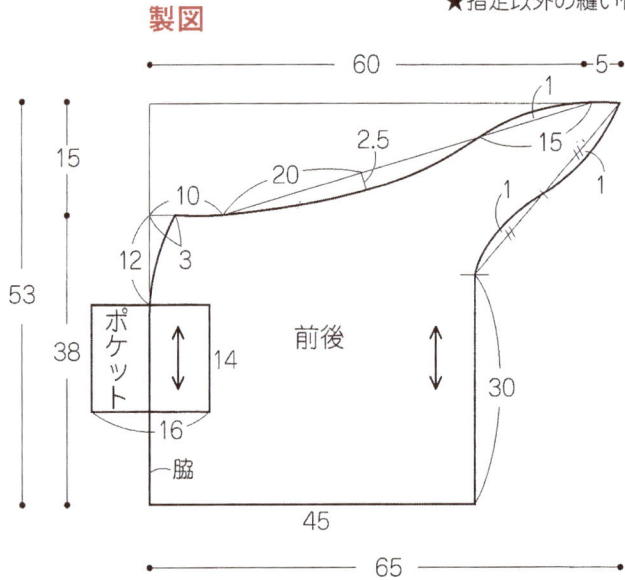

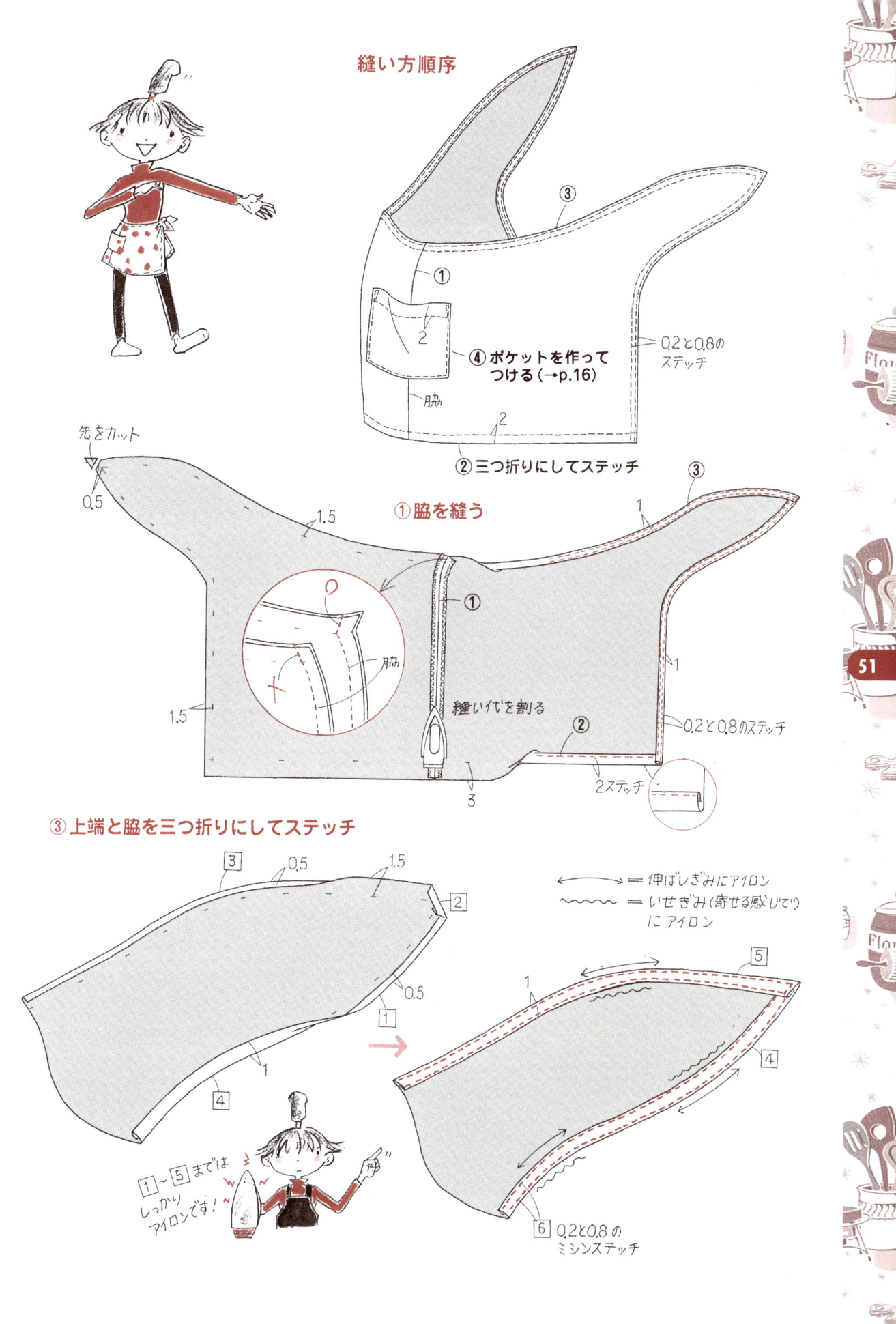

縫い方順序

① 脇を縫う
② 三つ折りにしてステッチ
④ ポケットを作ってつける（→p.16）

0.2と0.8のステッチ

脇

先をカット
0.5
1.5

縫い代を割る

0.2と0.8のステッチ
2ステッチ

③ 上端と脇を三つ折りにしてステッチ

⟷ ＝伸ばしぎみにアイロン
〜〜 ＝いせぎみ（寄せる感じで）にアイロン

⑥ 0.2と0.8のミシンステッチ

1〜5まではしっかりアイロンです！

ギャルソンエプロン…1
for men

イタリアン？
OK！

カフェのギャルソンがしていた
ことから この名前がつきま
した。 もともと男性用
ひもを後ろで交差させて
少し低めに 腰で結ぶ
ようにします

材料
布地 …110cm幅を1m10cm

製図

ひも 幅2.5 長さ70

ベルト

後ろ側　前中心

前後

2.5

80

縫止り

35

50

裁ち方

ひも 7×37
ひも 7×37
ベルト 7×51

わ

110

1.5　前後　1.5

2.5

110cm幅

★指定以外の縫い代は1cm

足さばきがいいように
スリットを入れました

⑤ ベルトとひもをつける

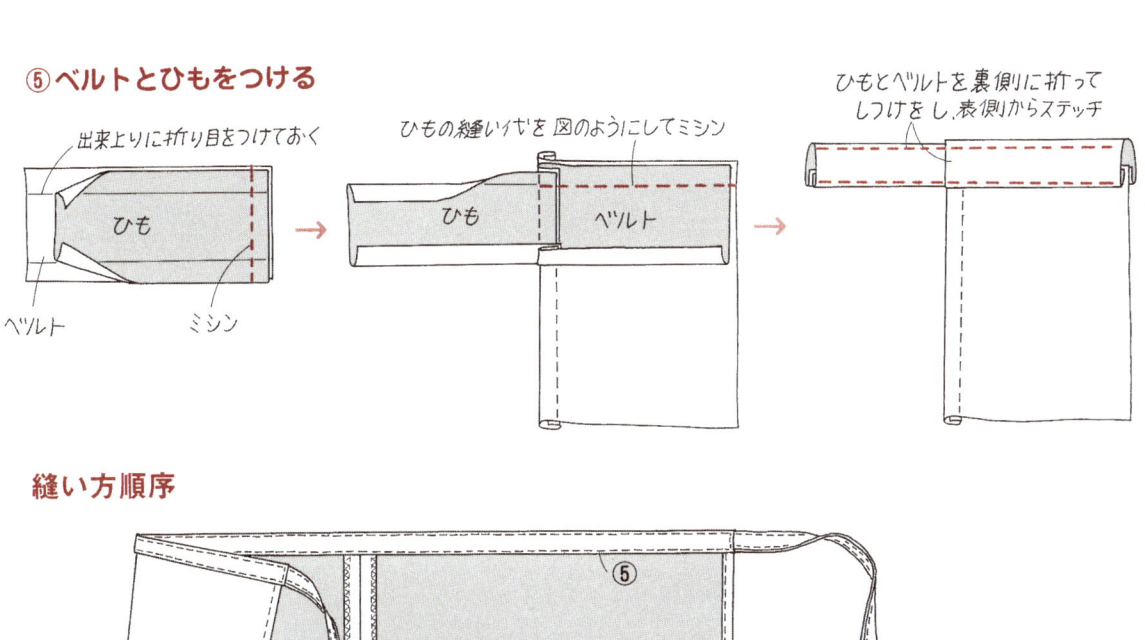

- 出来上りに折り目をつけておく
- ベルト
- ひも
- ミシン
- ひもの縫い代を図のようにしてミシン
- ひもとベルトを裏側に折ってしつけをし、表側からステッチ

縫い方順序

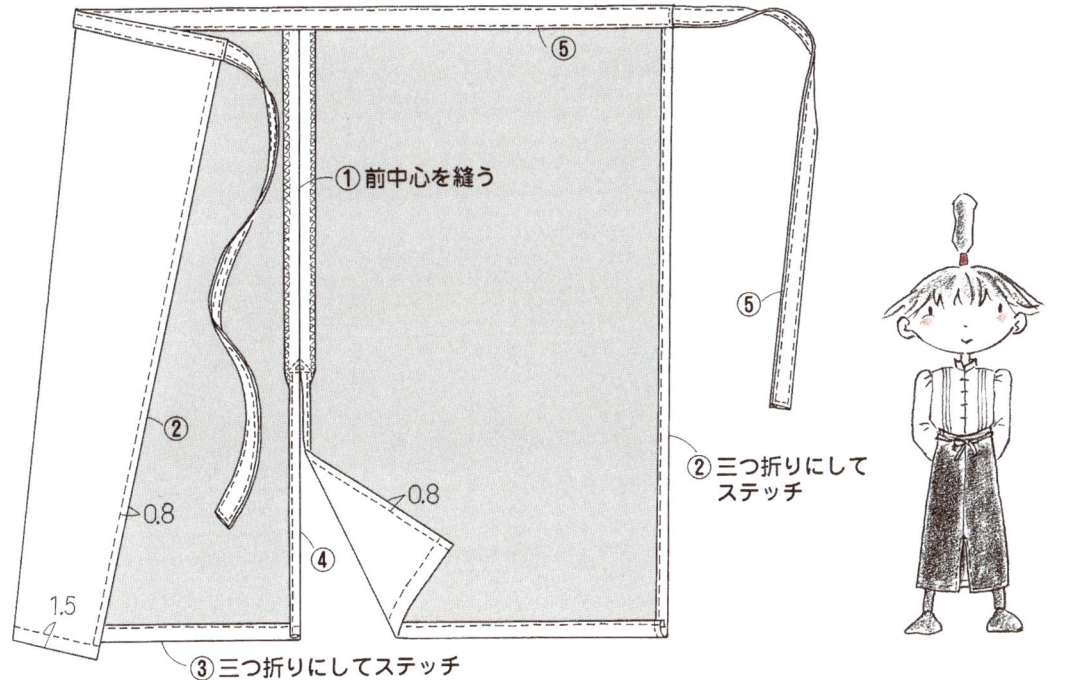

① 前中心を縫う
② 三つ折りにしてステッチ
③ 三つ折りにしてステッチ
④
⑤
0.8
1.5

④ スリットを三つ折りにしてステッチ

縫止り
1
0.8
表からステッチ
1.5
1.5

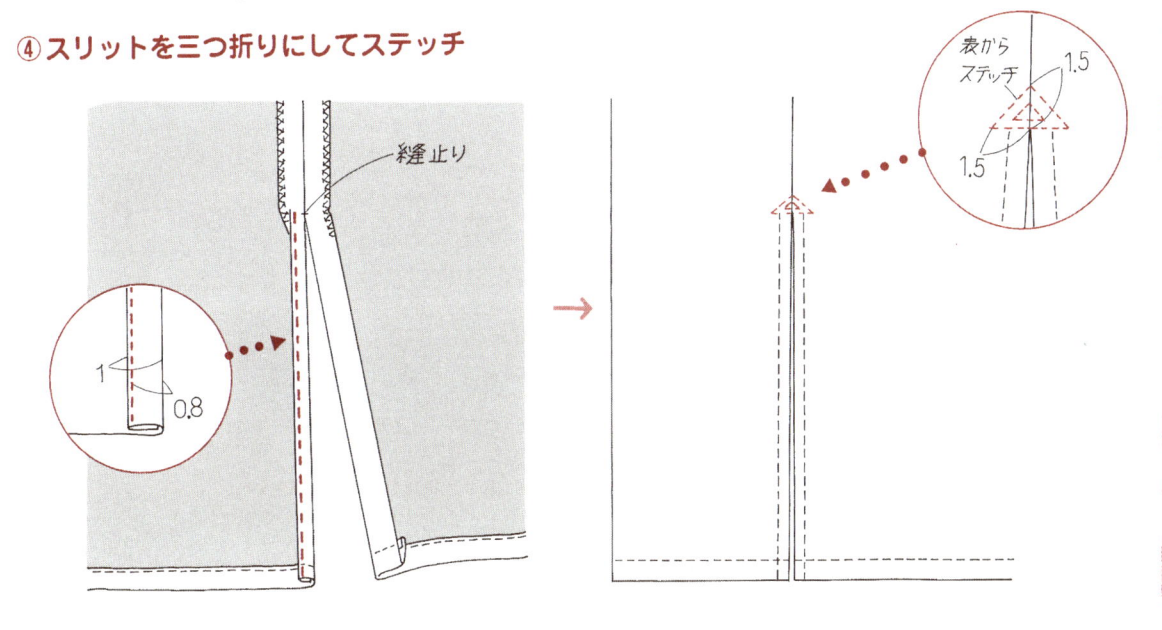

ギャルソンエプロン…2

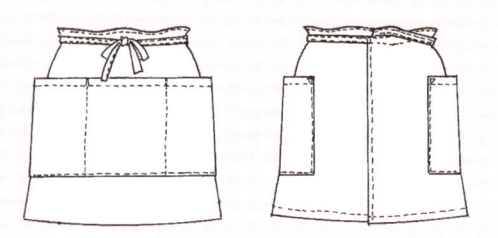

平らな布を1体に巻くので
ウエスト部分はあまり
かたくならないように仕立
てたほうが女性には
使いやすくなります

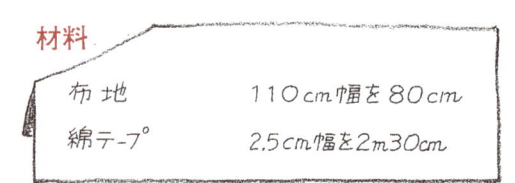

材料

布地　110cm幅を80cm
綿テープ　2.5cm幅を2m30cm

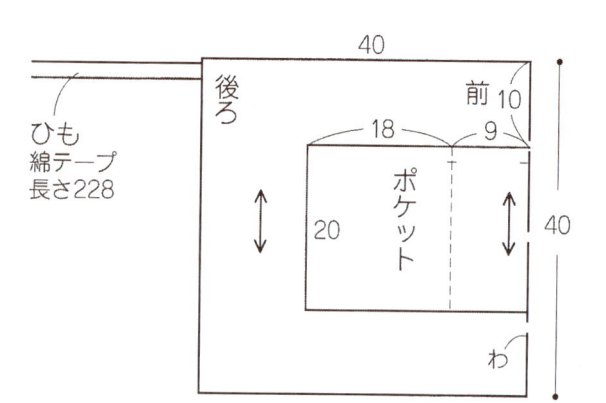

裁ち方

ポケットを横に裁つと用尺は60cmになります

110cm幅

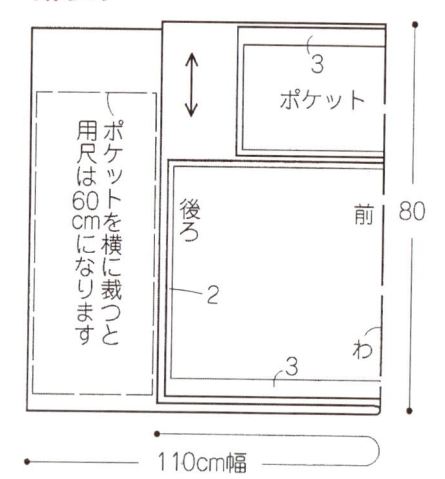

★指定以外の縫い代は1cm

製図

ひも
綿テープ
長さ228

後ろ　前　10
18　9
ポケット　20　40
40
わ

縫い方順序

① 三つ折りにしてステッチ
② 三つ折りにしてステッチ

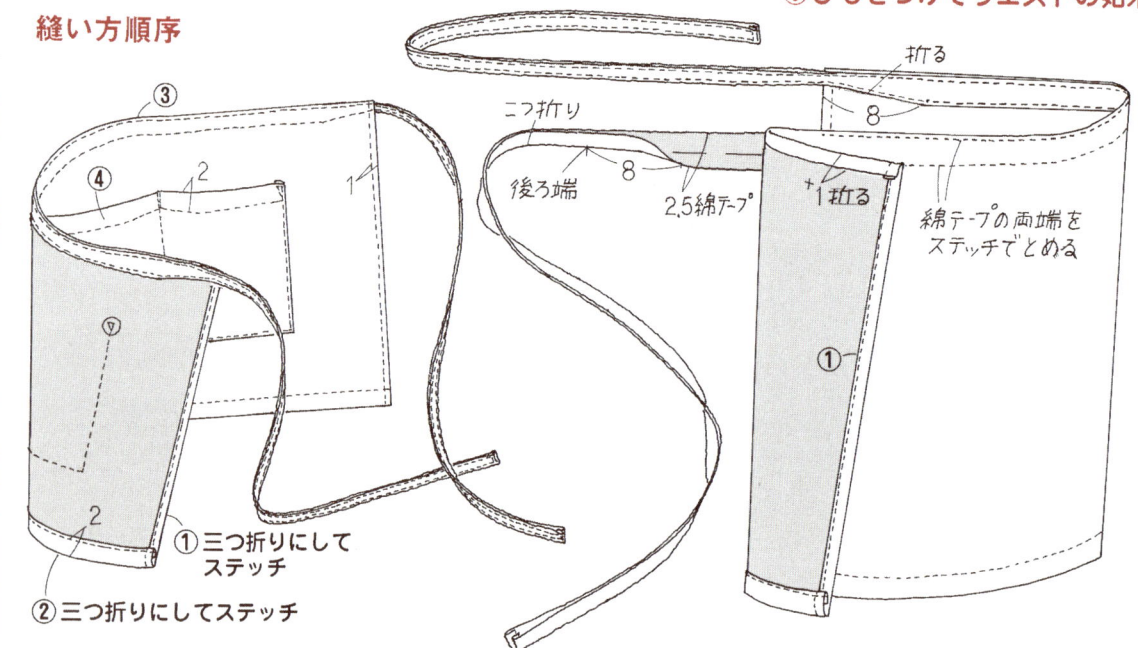

③ ひもをつけてウエストの始末

二つ折り
後ろ端
2.5綿テープ
8
折る
+1折る
綿テープの両端をステッチでとめる

ギャルソンエプロン…3

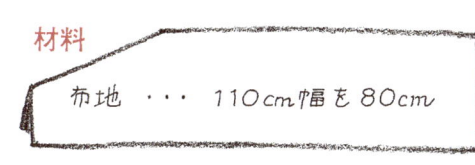

ダーツを入れて女性向きにアレンジ

ロングスカートにもパンツにもOK！

材料
布地 … 110cm幅を80cm

製図

ひも 幅1.2 長さ70
後ろ　前
40　2
12　3
10
9
10　わ
ポケット 16
15　11
47
3
45

裁ち方

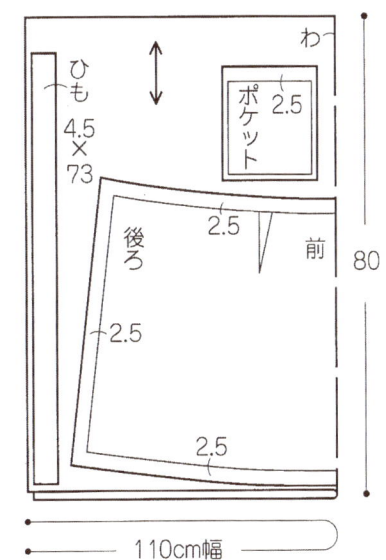

ひも 4.5×73
わ
ポケット 2.5
後ろ　前
2.5
2.5
80
2.5
110cm幅

★指定以外の縫い代は1cm

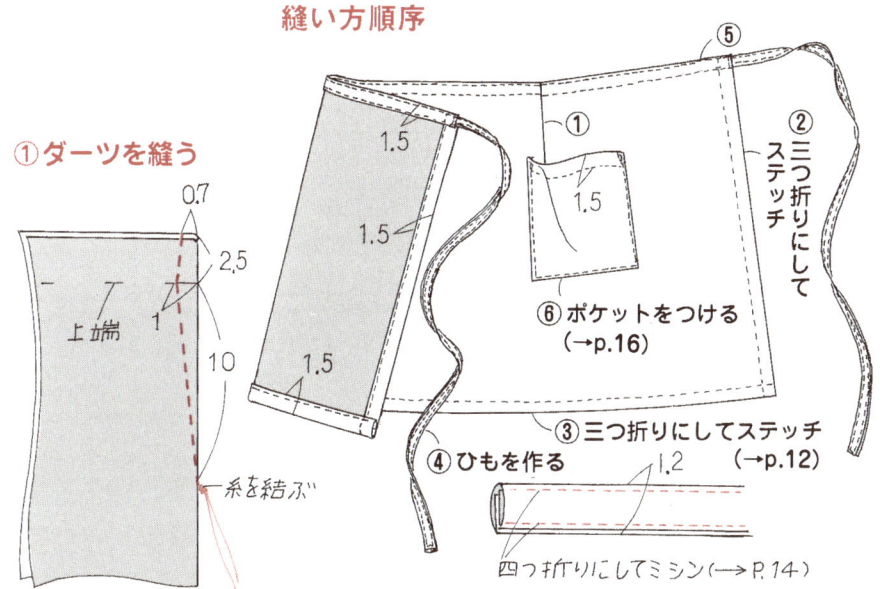

縫い方順序

①ダーツを縫う
上端　0.7
2.5
1
10
糸を結ぶ

1.5
1.5
1.5
1.5
1.5

①
②三つ折りにしてステッチ
⑤
⑥ポケットをつける（→p.16）
③三つ折りにしてステッチ（→p.12）
④ひもを作る
1.2
四つ折りにしてミシン（→P.14）

⑤ひもをつけてウエストの始末

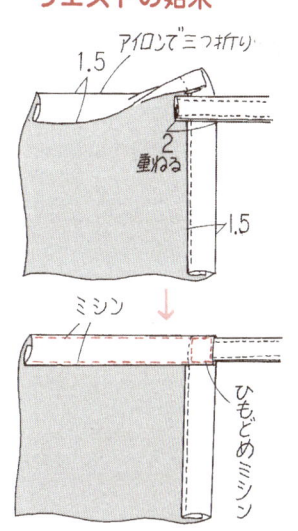

アイロンで三つ折り
1.5
2 重ねる
1.5

ミシン
ひもどめミシン

ギャルソンエプロン…4

シャキッ！と着て
スポーティにいくなら
デニムなど厚手の
木綿がおすすめ

PON!

前があいているので
座る姿勢が多い
ガーデニングに
ピッタリ！

材料
布地…110cm幅を1m10cm

裁ち方

ベルト 7×84
ひも 7×75
ひも 7×75
ポケット
後ろ側
後ろ側

110cm幅
110

★指定以外の縫い代は1cm

製図

41　41
ベルト　2.5
ひも 幅2.5 長さ73
47 後ろ側　前後　前中心
ポケットつけ位置 16　9
5

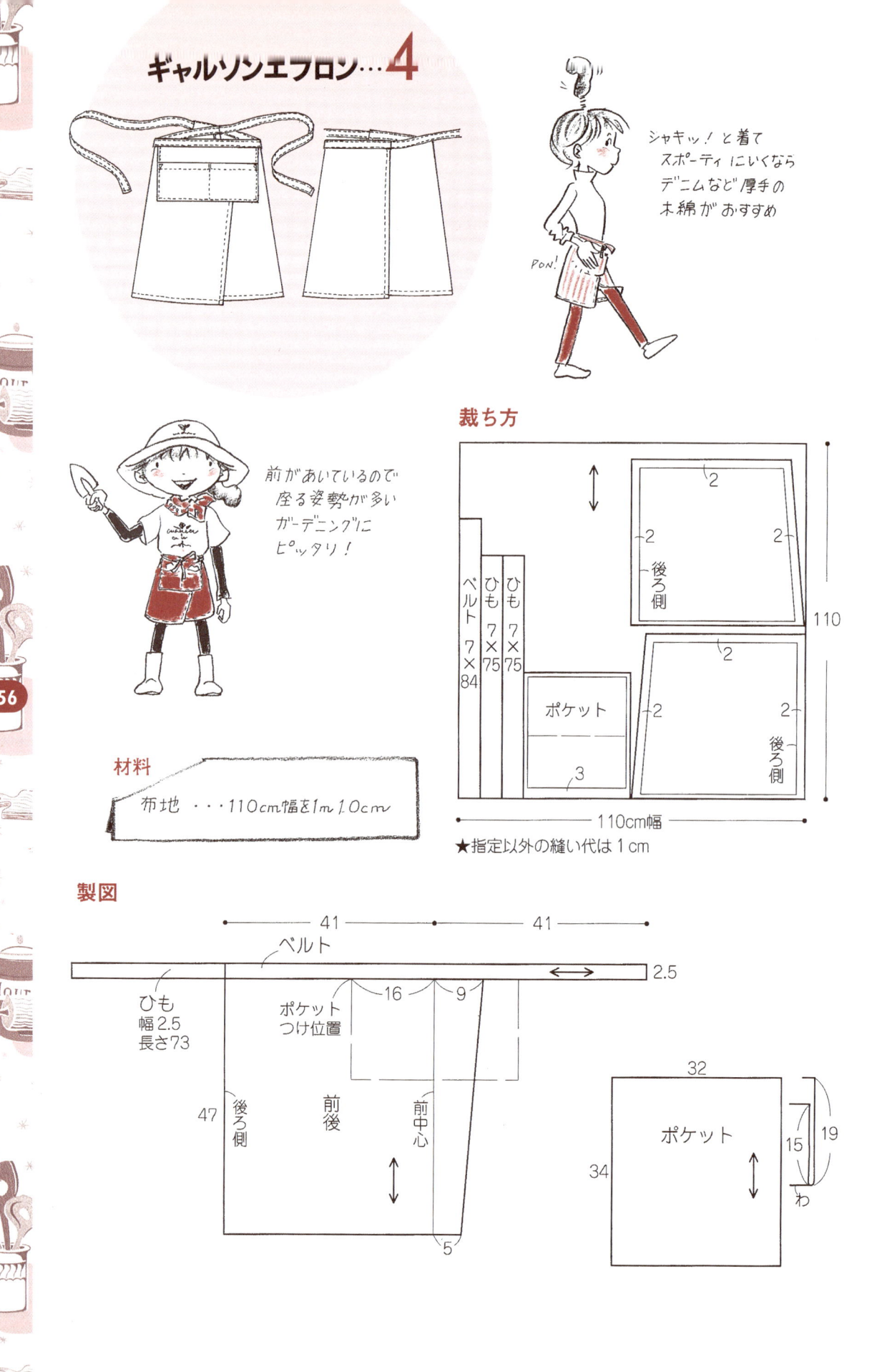

ポケット
32
34
15　19
わ

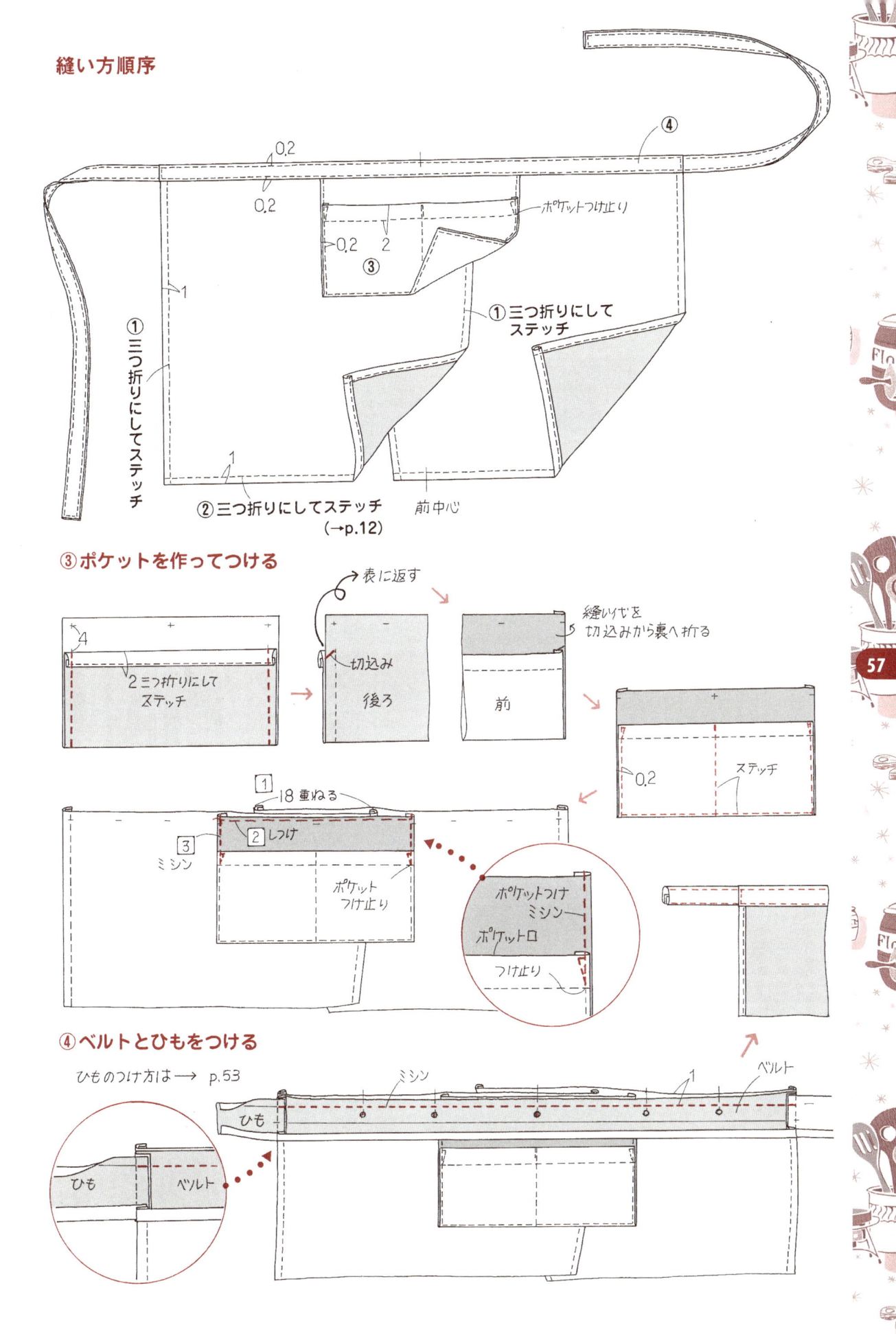

縫い方順序

① 三つ折りにしてステッチ
② 三つ折りにしてステッチ（→p.12）
前中心
ポケットつけ止り

③ ポケットを作ってつける

2 三つ折りにしてステッチ
表に返す
切込み
後ろ
前
縫いしろを切込みから裏へ折る
ステッチ

1 18 重ねる
2 しつけ
3 ミシン
ポケットつけ止り
ポケットつけミシン
ポケット口
つけ止り

④ ベルトとひもをつける

ひものつけ方は→ p.53
ひも
ベルト
ミシン

キッチンクロスで作る簡単エプロン

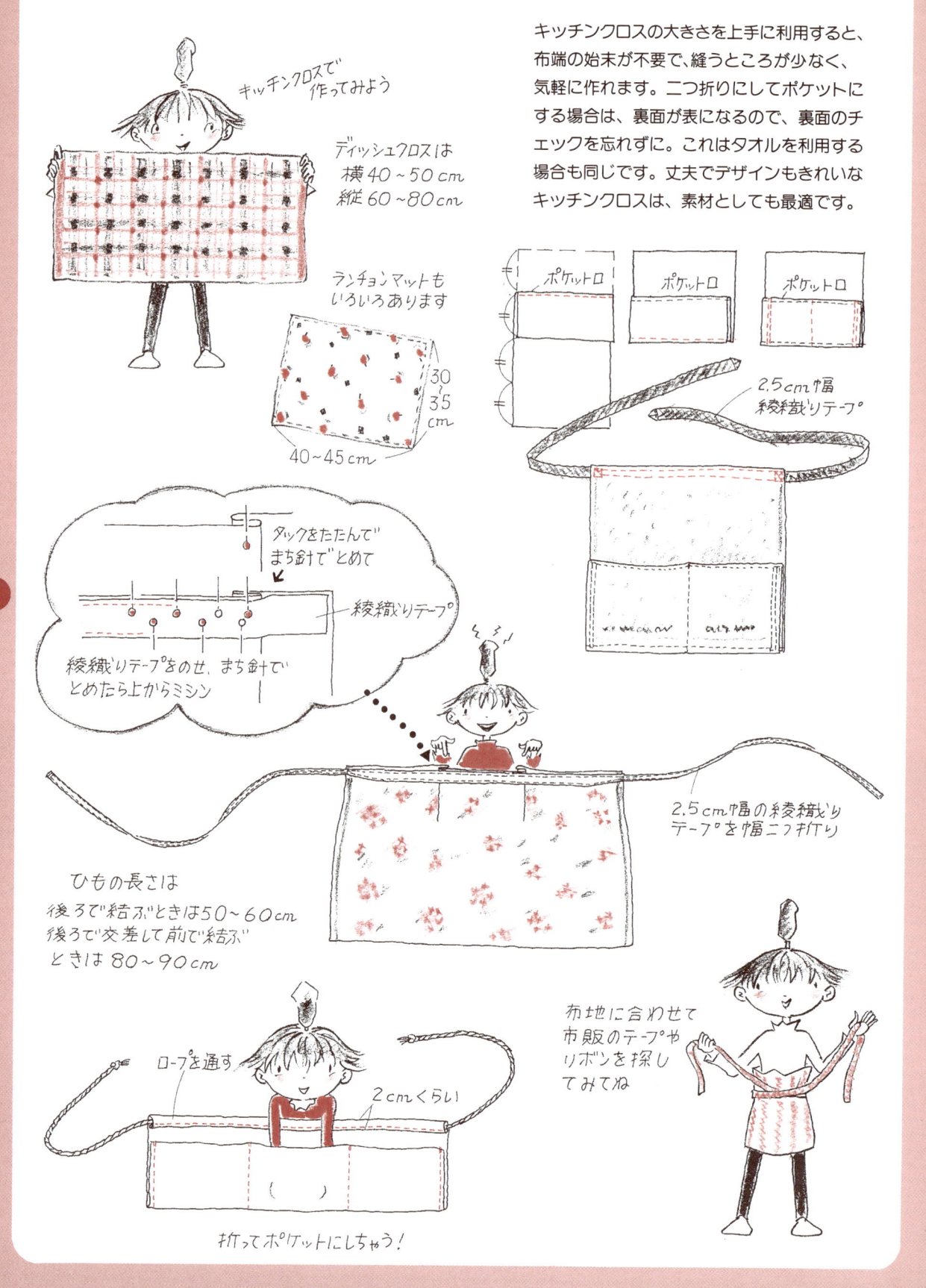

キッチンクロスの大きさを上手に利用すると、布端の始末が不要で、縫うところが少なく、気軽に作れます。二つ折りにしてポケットにする場合は、裏面が表になるので、裏面のチェックを忘れずに。これはタオルを利用する場合も同じです。丈夫でデザインもきれいなキッチンクロスは、素材としても最適です。

キッチンクロスで作ってみよう

ディッシュクロスは
横40〜50cm
縦60〜80cm

ランチョンマットもいろいろあります
30〜35cm
40〜45cm

ポケット口　ポケット口　ポケット口

2.5cm幅綾織りテープ

タックをたたんでまち針でとめて
綾織りテープ
綾織りテープをのせ、まち針でとめたら上からミシン

2.5cm幅の綾織りテープを幅二つ折り

ひもの長さは
後ろで結ぶときは50〜60cm
後ろで交差して前で結ぶときは80〜90cm

ロープを通す
2cmくらい
折ってポケットにしちゃう！

布地に合わせて市販のテープやリボンを探してみてね

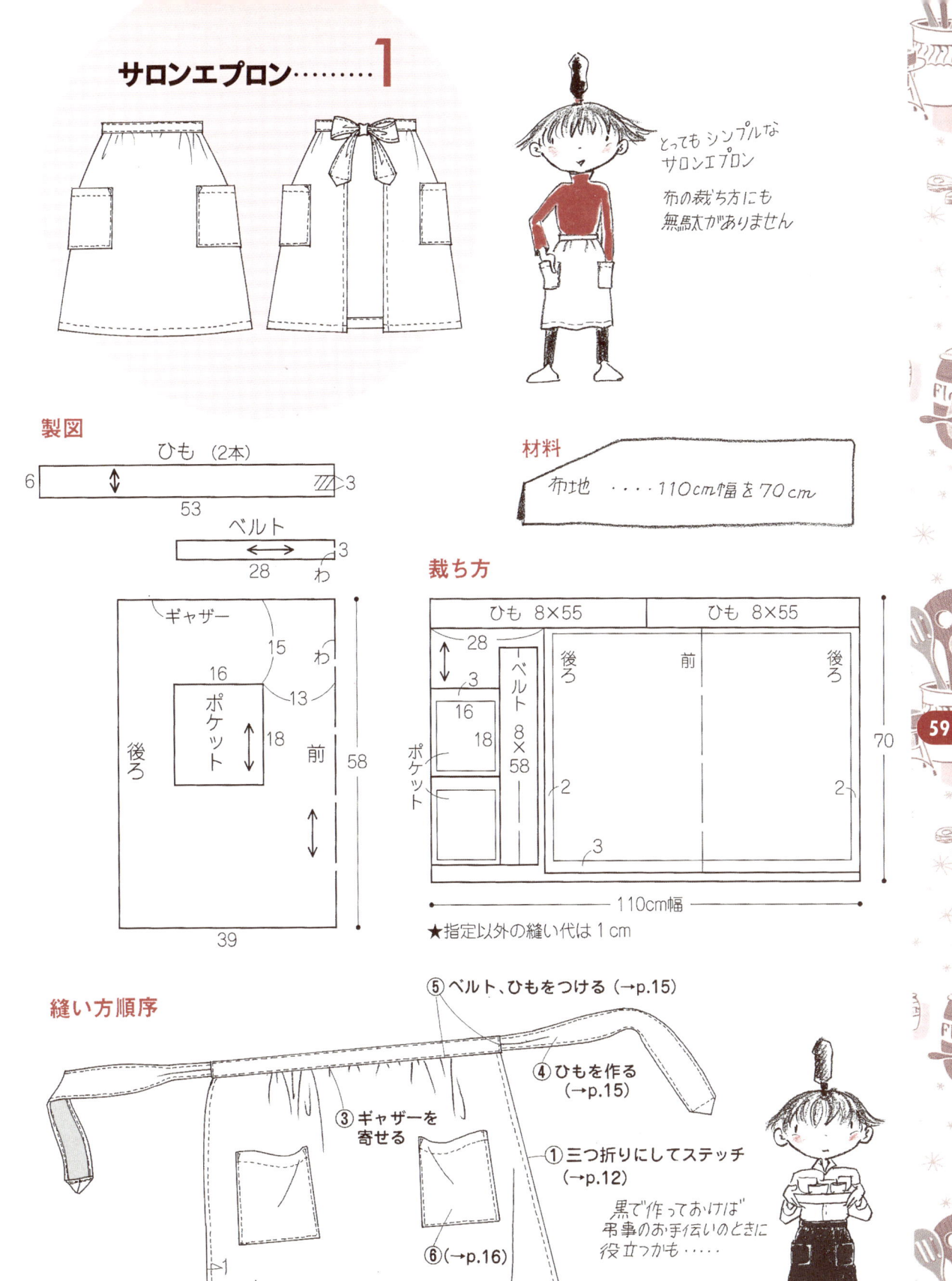

サロンエプロン………1

とっても シンプルな
サロンエプロン
布の裁ち方にも
無駄がありません

製図

ひも（2本） 6 ─ 53 ─ 3

ベルト 28 わ 3

ギャザー
15 わ
16
13
ポケット 18
後ろ 前 58
39

材料

布地 ‥‥110cm幅を70cm

裁ち方

ひも 8×55 ／ ひも 8×55
28
3
ベルト 8×58
ポケット 16 / 18
後ろ 前 後ろ
70
2   2
3
110cm幅

★指定以外の縫い代は1cm

縫い方順序

⑤ ベルト、ひもをつける（→p.15）
④ ひもを作る（→p.15）
③ ギャザーを寄せる
① 三つ折りにしてステッチ（→p.12）
⑥（→p.16）
② 三つ折りにしてステッチ

黒で作っておけば
弔事のお手伝いのときに
役立つかも‥‥

③ ギャザーを寄せる

ウエストのギャザーはスカートのように均一にすると前が盛り上がってじゃまになる。下のようにするといい

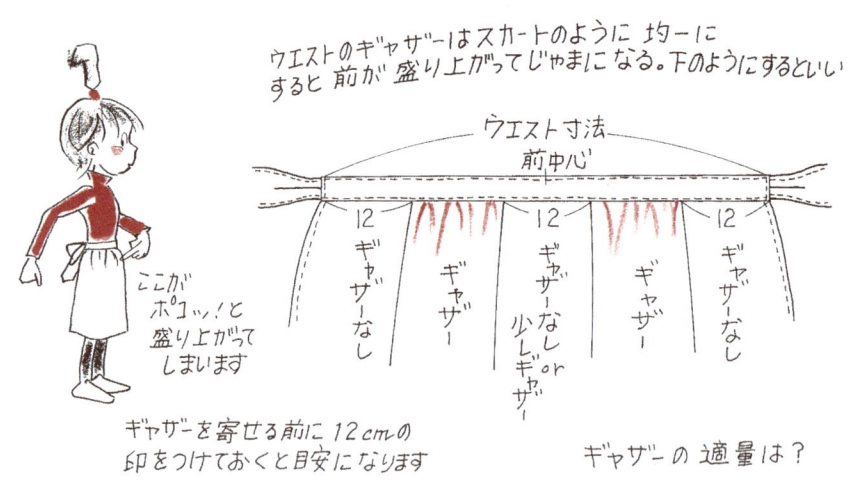

ウエスト寸法
前中心
12 ギャザーなし
12 ギャザー
12 ギャザーなし or 少しギャザー
12 ギャザー
12 ギャザーなし

ここがポコッ！と盛り上がってしまいます

ギャザーを寄せる前に12cmの印をつけておくと目安になります

ギャザーの適量は？

出来上りウエスト寸法 × 1.3 = サロンエプロンの幅
（52〜62cm）

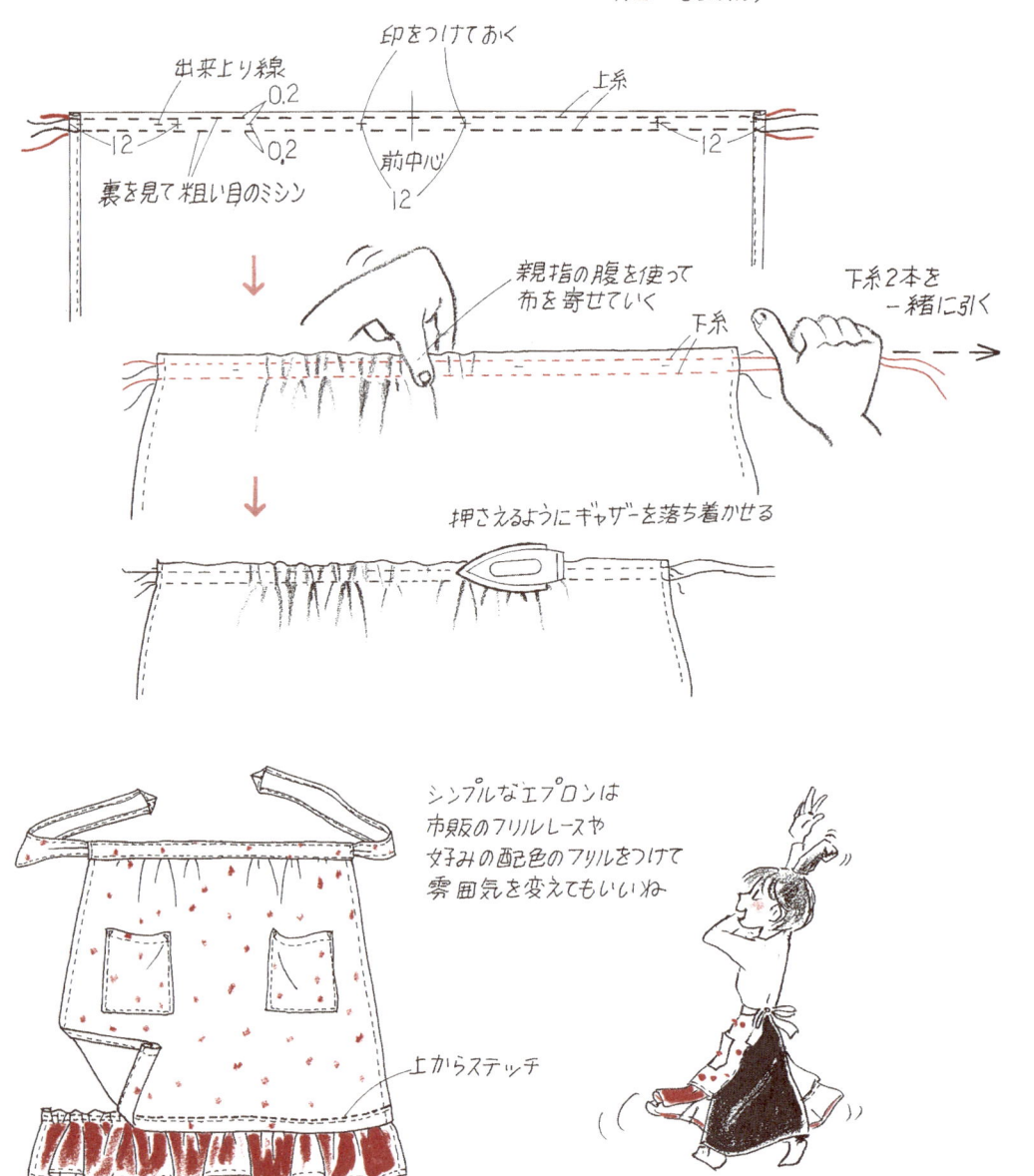

出来上り線
印をつけておく
上糸
0.2
0.2
12
前中心
12
12
裏を見て粗い目のミシン

親指の腹を使って布を寄せていく
下糸
下糸2本を一緒に引く

押さえるようにギャザーを落ち着かせる

シンプルなエプロンは市販のフリルレースや好みの配色のフリルをつけて雰囲気を変えてもいいね

上からステッチ

サロンエプロン………2

材料
布地 … 110cm幅を1m20cm

裁ち方

ひも 8×70
ひも 8×70
ベルト 8×58
ポケット 16×18 （3）
後ろ 39 / 58 / -2
前 わ
90
6ピンタック分 3
110cm幅

★指定以外の縫い代は1cm

サロンエプロン-1のひもを長くして
裾にピンタックを入れました
透ける白い布で作ったら
お客さまのときも OK!?

縫い方順序

⑥ ひもをつける（→p.15）
⑤ ひもを作る（→p.15）
④ ギャザーを寄せる
② 三つ折りにしてステッチ
⑦ （→p.16）
③ 三つ折りにしてステッチ（→p.12）
①

♥ ピンタック以外の縫い方は
サロンエプロン-1と同じです

①ピンタックを縫う

[1] へらで布の裏から折り山（ピンタックの山）に印をつける
2cm間隔で6本の印をつける
裾側　8.5　2

[2] 折り山にアイロンをかける

[3] ピンタックを縫う
0.5ミシン（ピンタック幅）

[4] アイロンで整える
裾側に倒す
裾側

♡ 洋服のときはこの後で型紙に
合わせて裁断し直します

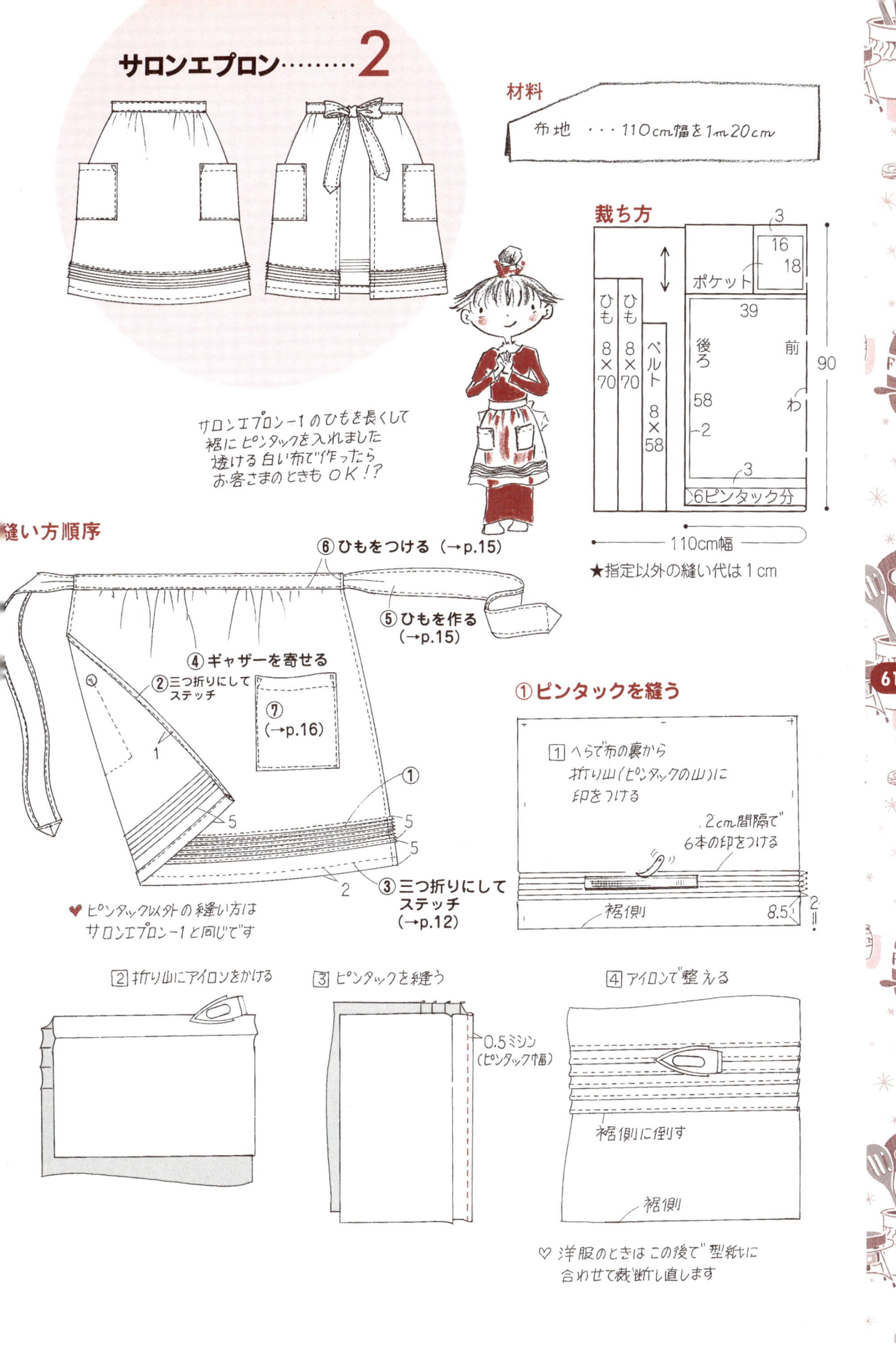

サロンエプロン……3

シンプルなエプロンにスモッキングししゅうをしました。
格子柄(7mm方眼)をいかした刺し方です

材料

布地(格子柄)‥‥110cm幅を1m10cm
スモッキング用に25番刺しゅう糸

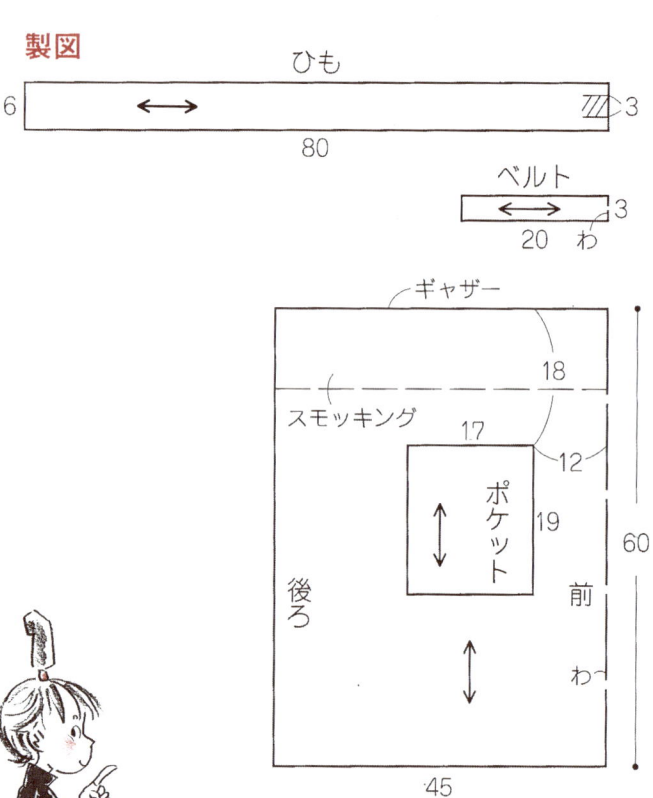

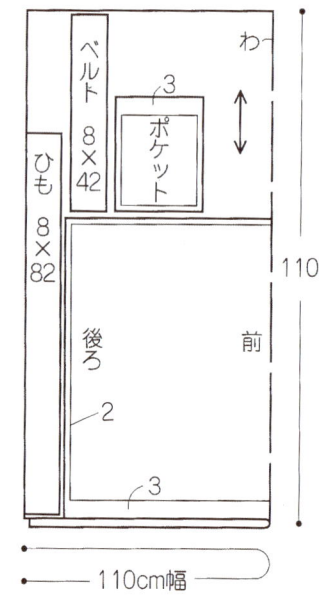

製図

ひも 6 × 80 (3)

ベルト 3 × 20 わ

裁ち方

ベルト 8×42
ひも 8×82
ポケット
後ろ　前
110
110cm幅

★指定以外の縫い代は1cm

ギャザー
スモッキング
18
17
12
ポケット
19
後ろ　前
60
わ
45

スモッキングのデザインはいろいろアレンジしてみて！

縫い方順序

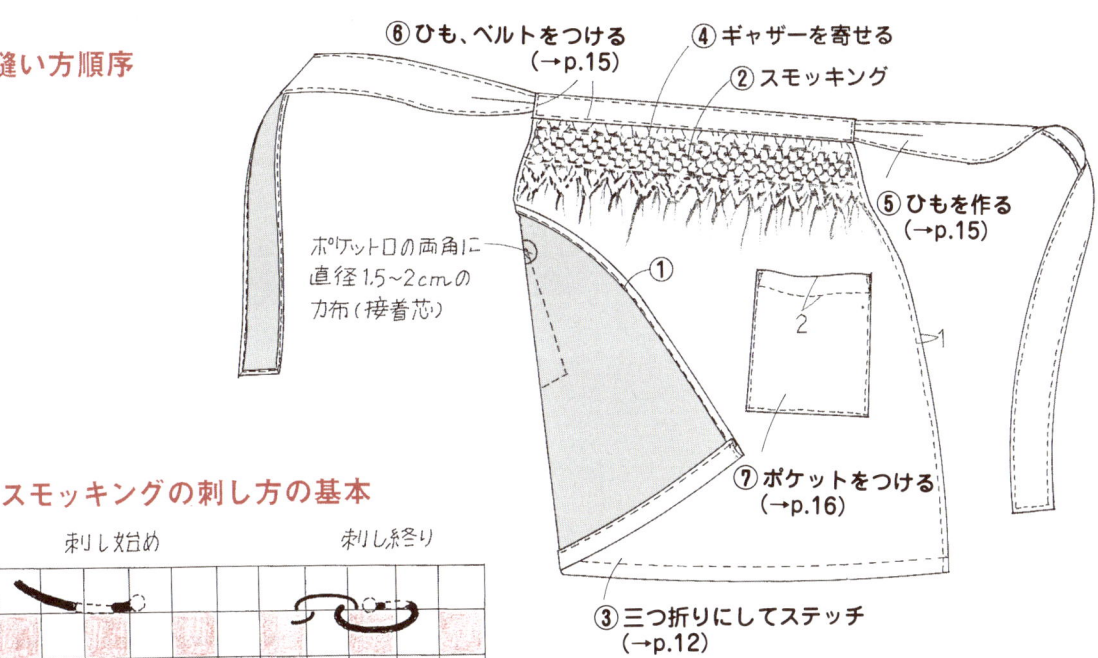

⑥ひも、ベルトをつける(→p.15)
④ギャザーを寄せる
②スモッキング
⑤ひもを作る(→p.15)
①
ポケット口の両角に直径1.5〜2cmの力布(接着芯)
2
1
⑦ポケットをつける(→p.16)
③三つ折りにしてステッチ(→p.12)

スモッキングの刺し方の基本

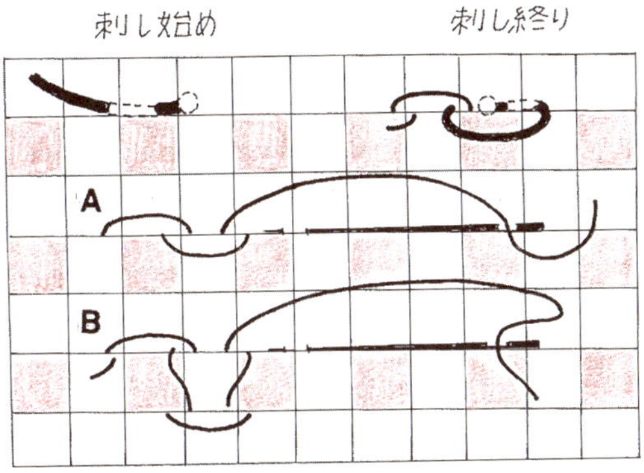

刺し始め　　刺し終り

A
B

多く使われる刺し方は"テーブル・スモッキング"(**A**)とダイヤモンド・スモッキング(**B**)を応用したもの

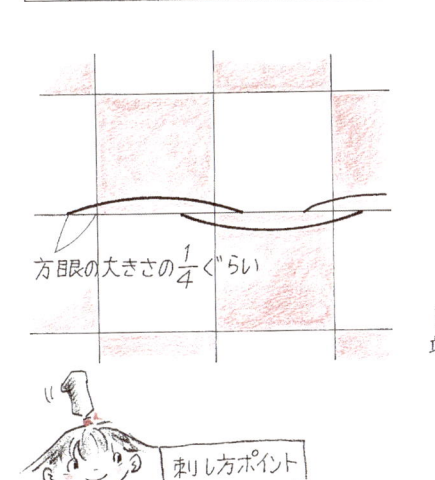

方眼の大きさの $\frac{1}{4}$ ぐらい

刺し方ポイント

ギンガム程度の布地なら25番刺しゅう糸3本どりで刺します。格子や水玉は段数を数えながら、縞の場合はかがり位置に印をつけて刺します。

刺すときは横に渡す糸はきつめに縦に渡す糸はゆるめにがこつ。刺し上がりがふぞろいのときは蒸気を当てて仕上げましょう！

スモッキングの図案

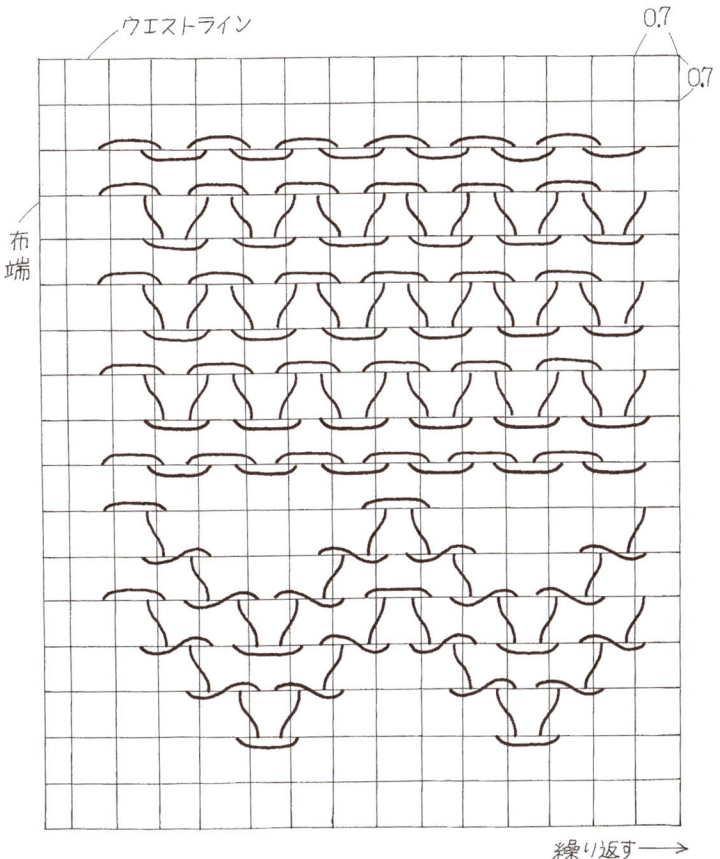

ウエストライン
0.7
0.7
布端

繰り返す→

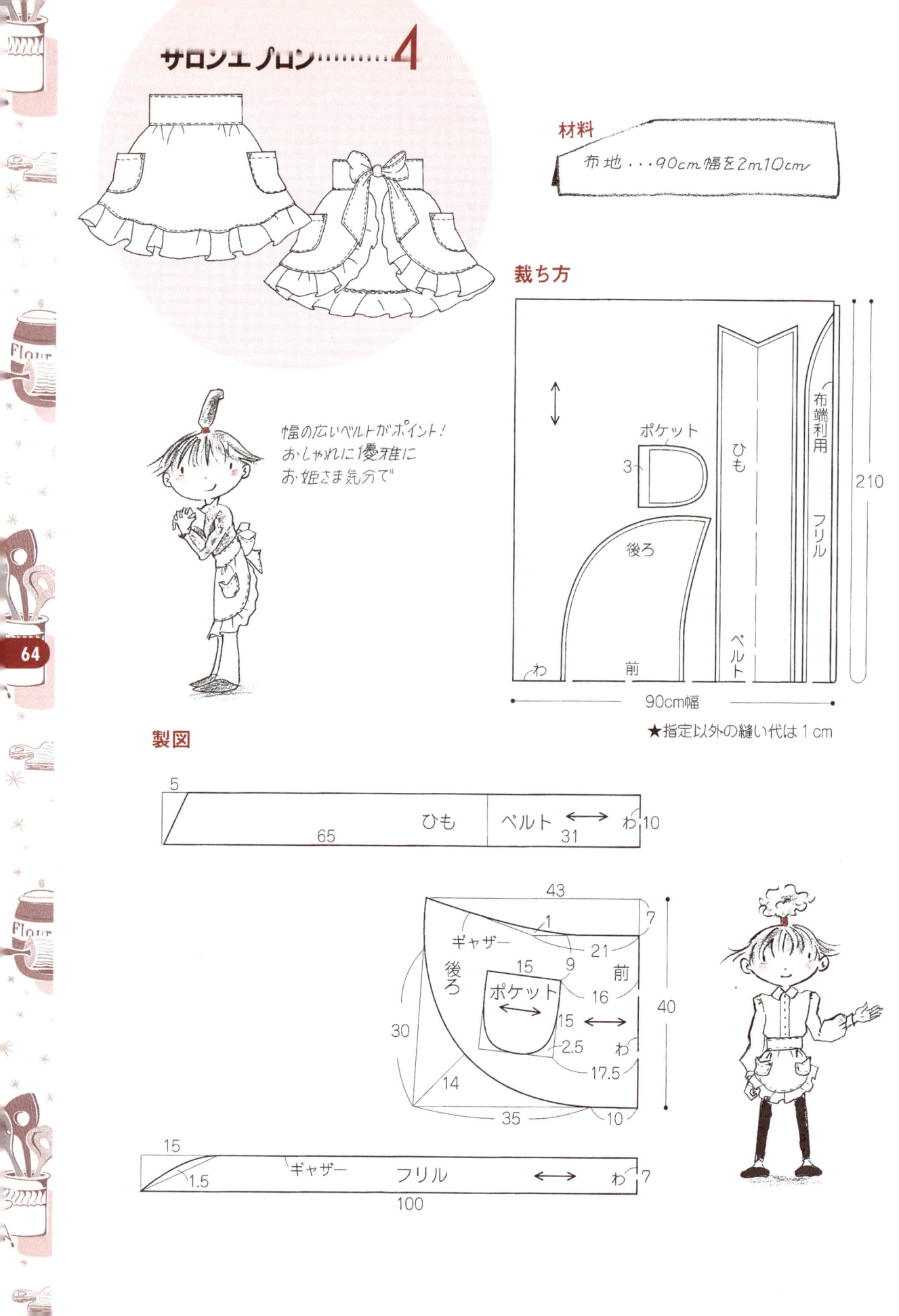

サロンエプロン……4

材料
布地…90cm幅を2m10cm

裁ち方

ポケット 3
ひも
布端利用
フリル
210
後ろ
ベルト
わ 前
90cm幅

★指定以外の縫い代は1cm

幅の広いベルトがポイント！
おしゃれに優雅に
お姫さま気分で

製図

5
65 ひも | ベルト 31 ←→ わ 10

43
1 7
ギャザー 21
後ろ 15 9 前
ポケット 16
←→ 40
30 15
2.5 わ
14 17.5
35 10

15
1.5 ギャザー フリル ←→ わ 7
100

縫い方順序

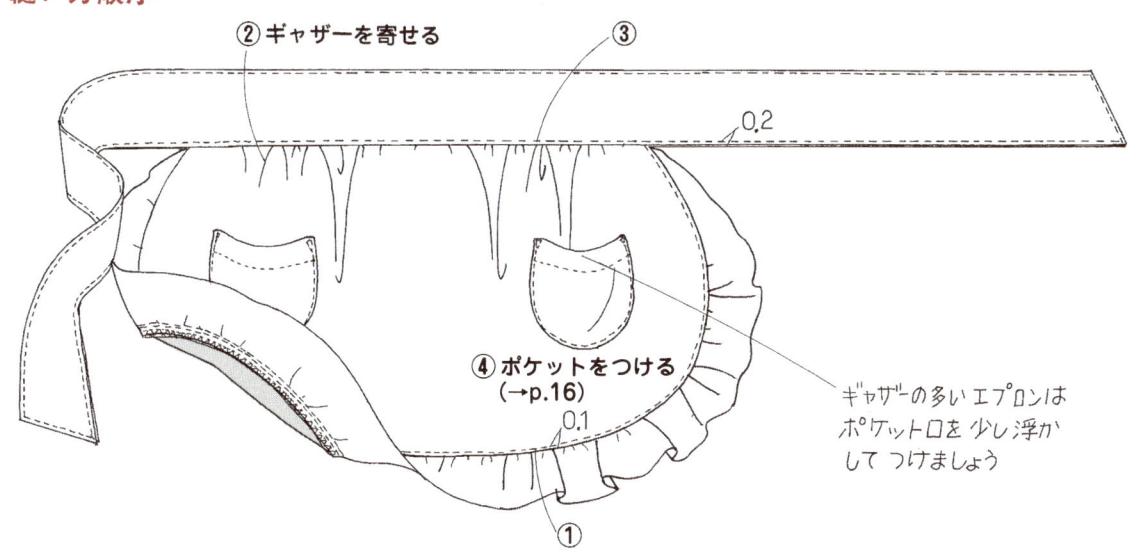

② ギャザーを寄せる
③
0.2
④ ポケットをつける
（→p.16）
①
0.1

ギャザーの多いエプロンは
ポケット口を少し浮か
してつけましょう

① フリルをつける

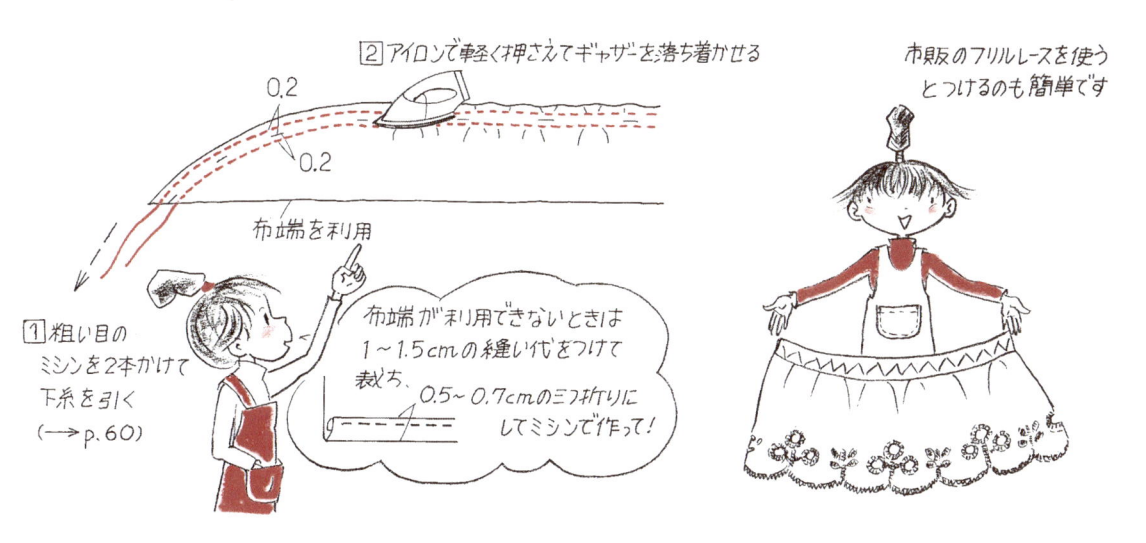

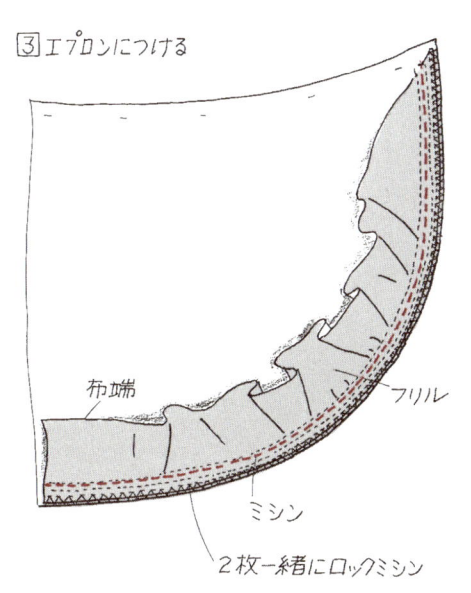

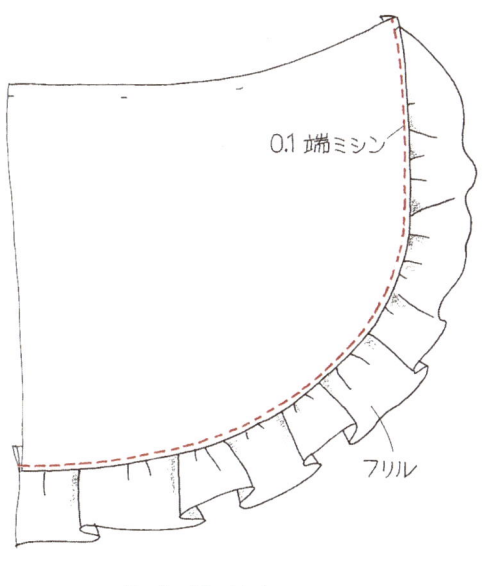

1 粗い目の
ミシンを2本かけて
下糸を引く
(→p.60)

0.2
0.2
2 アイロンで軽く押さえてギャザーを落ち着かせる
布端を利用

布端が利用できないときは
1〜1.5cmの縫い代をつけて
裁ち、0.5〜0.7cmの三つ折りに
してミシンで作って！

市販のフリルレースを使う
とつけるのも簡単です

3 エプロンにつける

布端
フリル
ミシン
2枚一緒にロックミシン

0.1 端ミシン
フリル

次ページへ続く

② ギャザーを寄せる

★の部分(10〜12cm)はギャザーを少なく(→p.60)
中心にギャザーをいっぱい寄せると
おなかがポッコリふくらんでしまいます

前中心

縫い代を
アイロンで押さえる

③ ベルト、ひもを作ってつける

62

[1]ミシン

[2]縫い代を折ってアイロン

ベルトの表側とウエストを縫い合わせる

角を折る
端を折る
上を折る

ベルトを表に返す

表からステッチ

ベルトのステッチは
外に出ているギャザー
ミシンの糸を抜いて
からにしましょう！
フリルも同じ

サロンエプロン………5

エプロン全体が フリルのよう！ 小花柄などで 作ったらかわいい！

製図

ひも (2枚) 6 × 72

ベルト 3 × 31 わ

後ろ 前 わ
12, 21, 4, 30, 7, 12, 20
ポケット 17, 15, 9, 4
48, 22, 63, 60

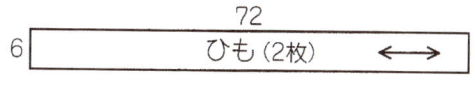

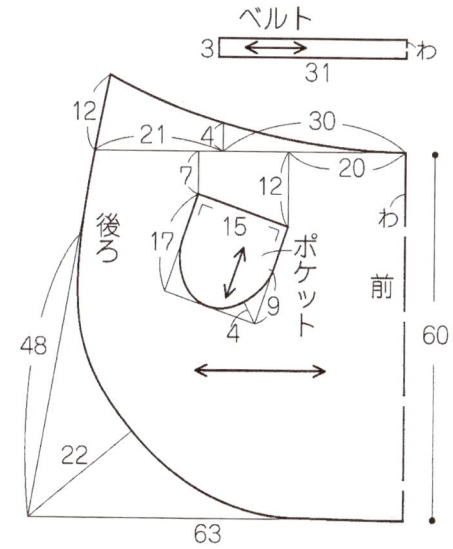

材料

布地‥‥90cm幅を1m50cm
市販のバイアステープ‥‥1.2cm幅を2m50cm

裁ち方

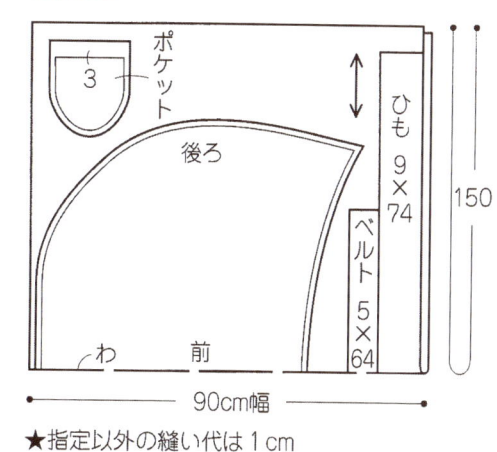

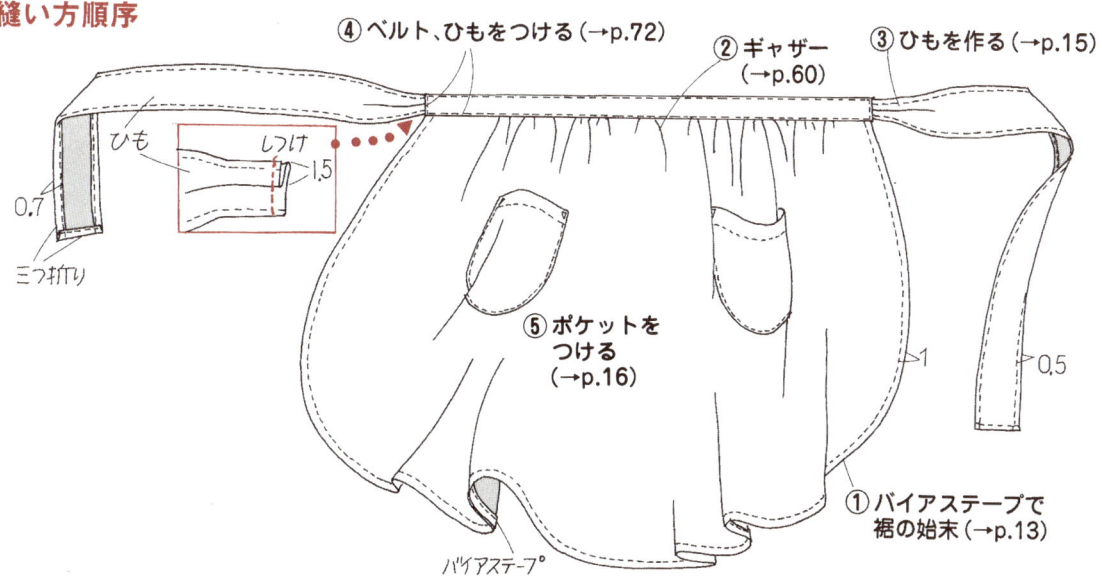

ポケット 3
後ろ
ひも 9×74
ベルト 5×64
わ 前
90cm幅 / 150

★指定以外の縫い代は1cm

縫い方順序

④ ベルト、ひもをつける（→p.72）
② ギャザー（→p.60）
③ ひもを作る（→p.15）
⑤ ポケットをつける（→p.16）
① バイアステープで裾の始末（→p.13）

ひも、しつけ 1.5、0.7、三つ折り、バイアステープ、1、0.5

胸当てつきエプロン…1

取りはずしのできる胸当てをつけました
ひもは後ろで交差させてもかわいい！

★縫いつけてしまってもOK！
ボタン穴、縫いつけの位置は着てみてチェック！

ウエストはスナップどめ
スナップはしっかりしたもの
大きめのものにして！

ボタン
ボタン穴

材料

布地 ・・・90cm幅を1m90cm
はしごレース ・・・1cm幅を2m
スナップ ・・・3組

製図

肩ひも 幅1.2 長さ60
はしごレース
胸当て
スナップ
11 / 2 / 1 / 27
1 / 1 / 10
わ

ひも ─── 60 ─── ベルト ─── 31 ─── スナップ(裏側) 2.5

ギャザー
12
2 17
1 ポケット 18
はしごレース 19
1
後ろ / 前
わ
70
はしごレース
1
10
60

裁ち方

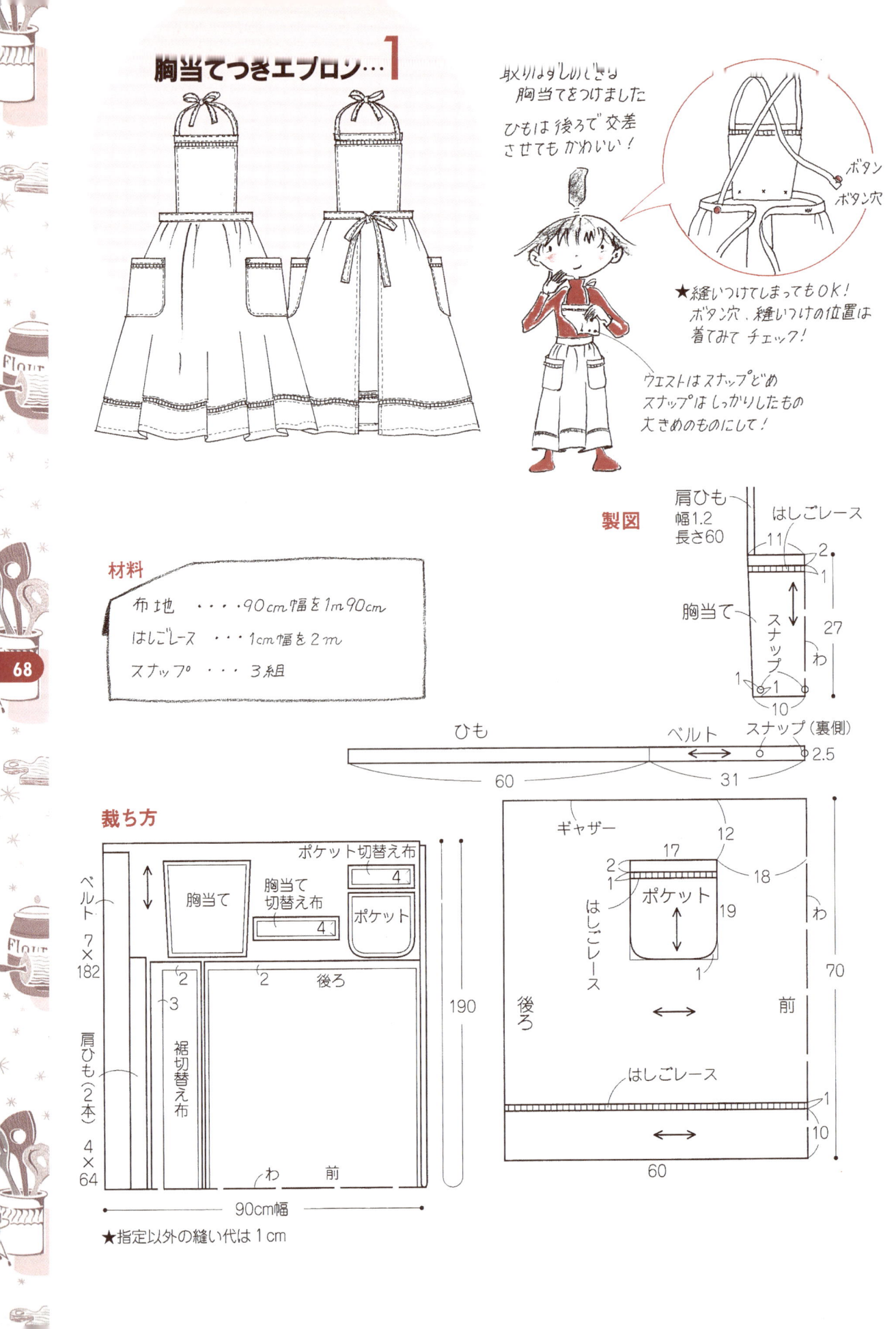

ベルト 7×182
肩ひも(2本) 4×64
胸当て
ポケット切替え布 4
胸当て切替え布 4
ポケット
2 / 2
3 裾切替え布
後ろ
わ 前
190
90cm幅

★指定以外の縫い代は1cm

②胸当てを作る（肩ひもをはさむ）

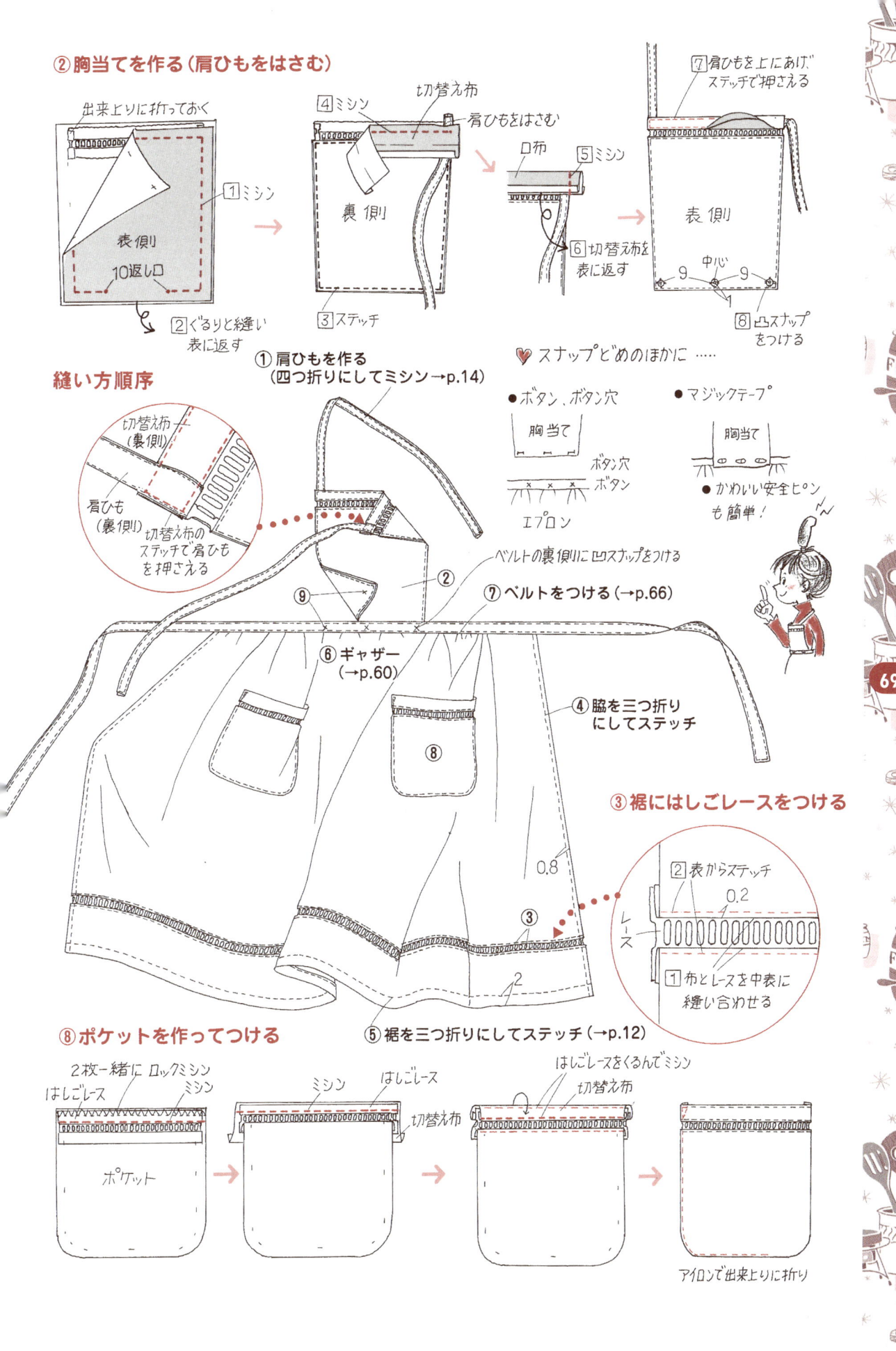

- 出来上りに折っておく
- 表側
- 10 返し口
- ①ミシン
- ②ぐるりと縫い表に返す
- ④ミシン
- 切替え布
- 肩ひもをはさむ
- 裏側
- ③ステッチ
- 口布
- ⑤ミシン
- ⑥切替え布を表に返す
- ⑦肩ひもを上にあげ、ステッチで押さえる
- 表側
- 中心
- 9　9
- ⑧凸スナップをつける

♥スナップどめのほかに……

- ●ボタン、ボタン穴
  - 胸当て
  - ボタン穴
  - ボタン
  - エプロン
- ●マジックテープ
  - 胸当て
- ●かわいい安全ピンも簡単！

縫い方順序

- 切替え布（裏側）
- 肩ひも（裏側）
- 切替え布のステッチで肩ひもを押さえる

①肩ひもを作る（四つ折りにしてミシン→p.14）

- ベルトの裏側に凹スナップをつける
- ⑦ベルトをつける（→p.66）
- ⑥ギャザー（→p.60）
- ④脇を三つ折りにしてステッチ
- ⑤裾を三つ折りにしてステッチ（→p.12）
- 0.8
- ③
- 2

③裾にはしごレースをつける

- ②表からステッチ
- 0.2
- レース
- ①布とレースを中表に縫い合わせる

⑧ポケットを作ってつける

- 2枚一緒にロックミシン
- はしごレース
- ミシン
- ポケット
- ミシン
- はしごレース
- 切替え布
- はしごレースをくるんでミシン
- 切替え布
- アイロンで出来上りに折り

胸当てつきエプロン…2

レースは色や幅もいろいろ考えてみて！

共布の幅広フリルもかわいいよ

製図

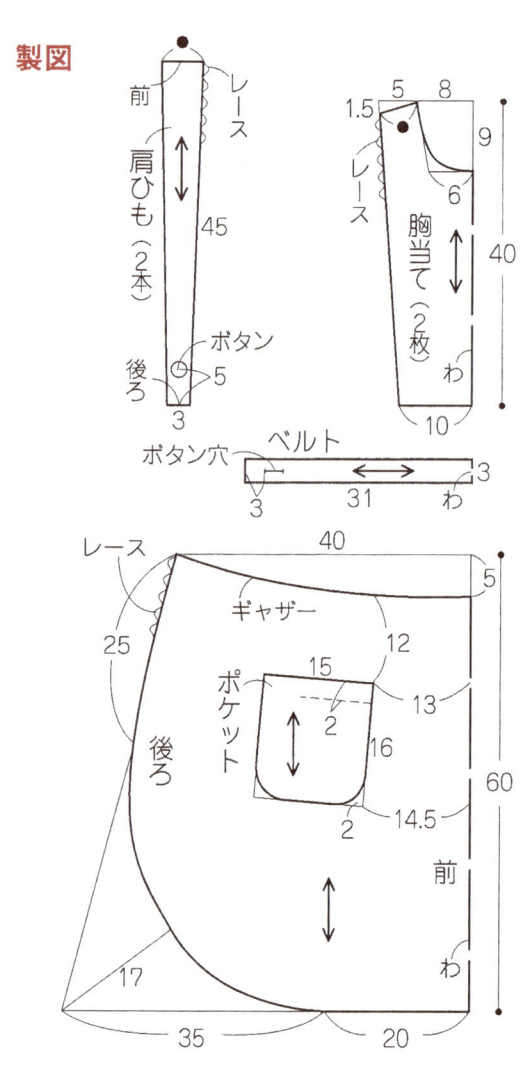

肩ひも（2本） 前 レース 45 ボタン 後ろ 5 3

胸当て（2枚） レース 1.5 5 8 9 6 40 わ 10

ボタン穴 ベルト 3 31 わ 3

レース 40 5 ギャザー 12 25 ポケット 15 13 後ろ 2 16 60 14.5 前 2 17 35 20 わ

ひも（2本） 6 65 3

材料

布地 ・・・ 110cm幅を1m40cm
レース ・・・ 1cm幅を4m
ボタン ・・・ 直径1.8を2個

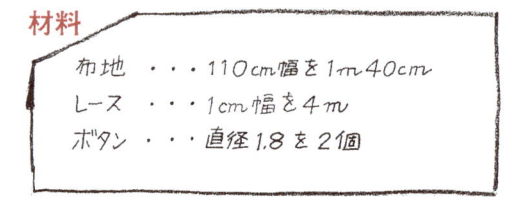

裁ち方

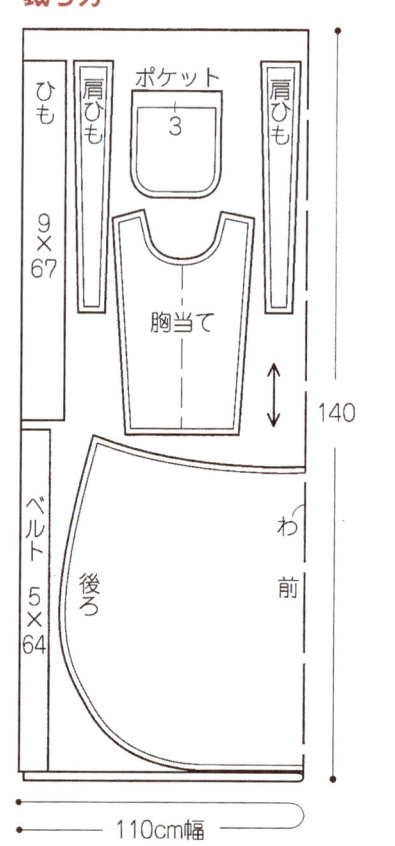

ひも 9×67　肩ひも　ポケット 3　肩ひも

胸当て

ベルト 5×64　わ　後ろ　前

140

110cm幅

★指定以外の縫い代は1cm

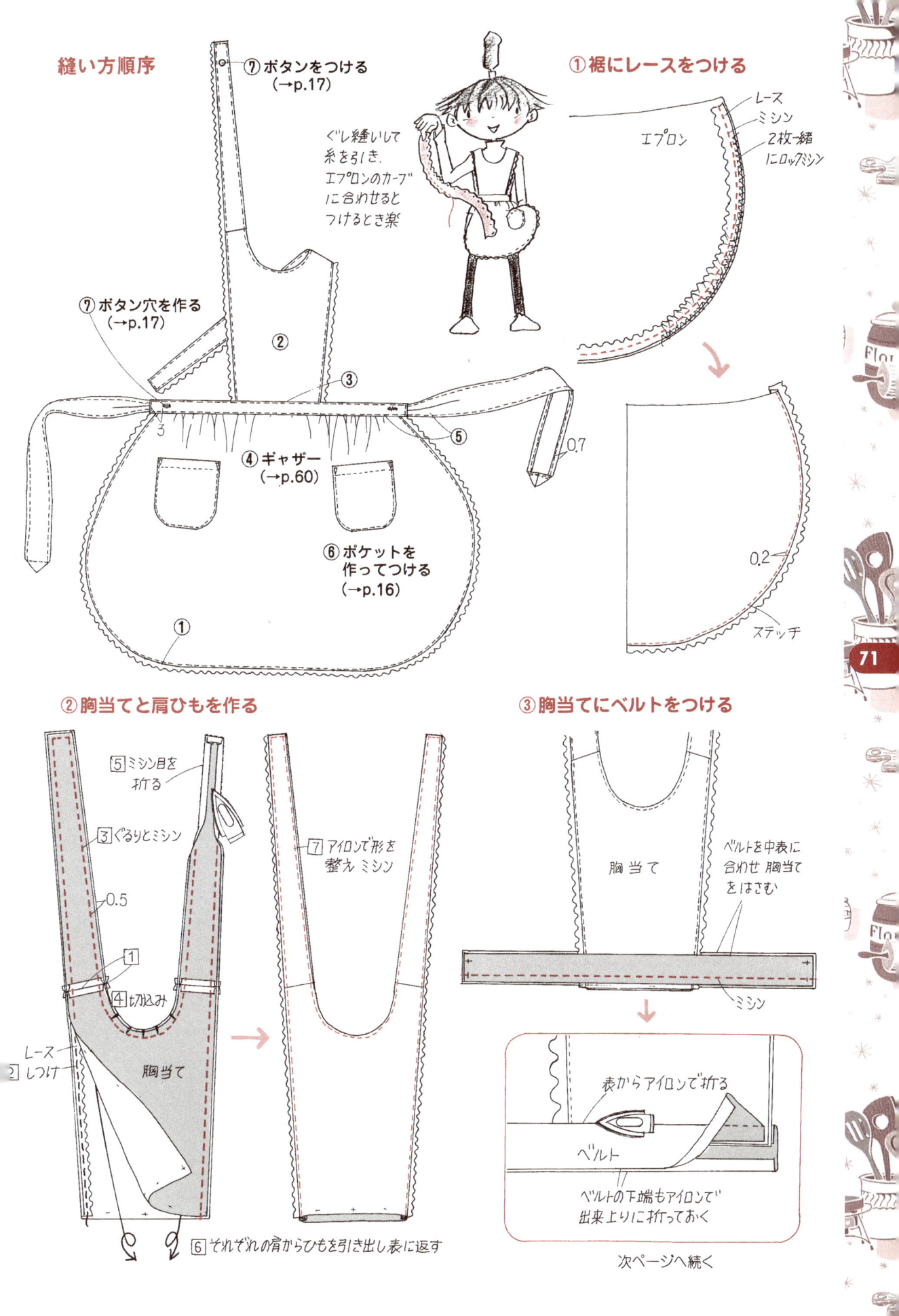

縫い方順序

⑦ ボタンをつける (→p.17)

⑦ ボタン穴を作る (→p.17)

④ ギャザー (→p.60)

⑥ ポケットを作ってつける (→p.16)

①

ぐし縫いして糸を引き、エプロンのカーブに合わせるとつけるとき楽

① 裾にレースをつける

エプロン
レース
ミシン
2枚一緒にロックミシン

0.2
ステッチ

② 胸当てと肩ひもを作る

[5] ミシン目を折る
[3] ぐるりとミシン
0.5
[1]
[4] 切込み
レース
[2] しつけ
胸当て
[7] アイロンで形を整えミシン
[6] それぞれの肩からひもを引き出し表に返す

③ 胸当てにベルトをつける

胸当て
ベルトを中表に合わせ胸当てをはさむ
ミシン

表からアイロンで折る
ベルト
ベルトの下端もアイロンで出来上りに折っておく

次ページへ続く

④ ギャザーを寄せる

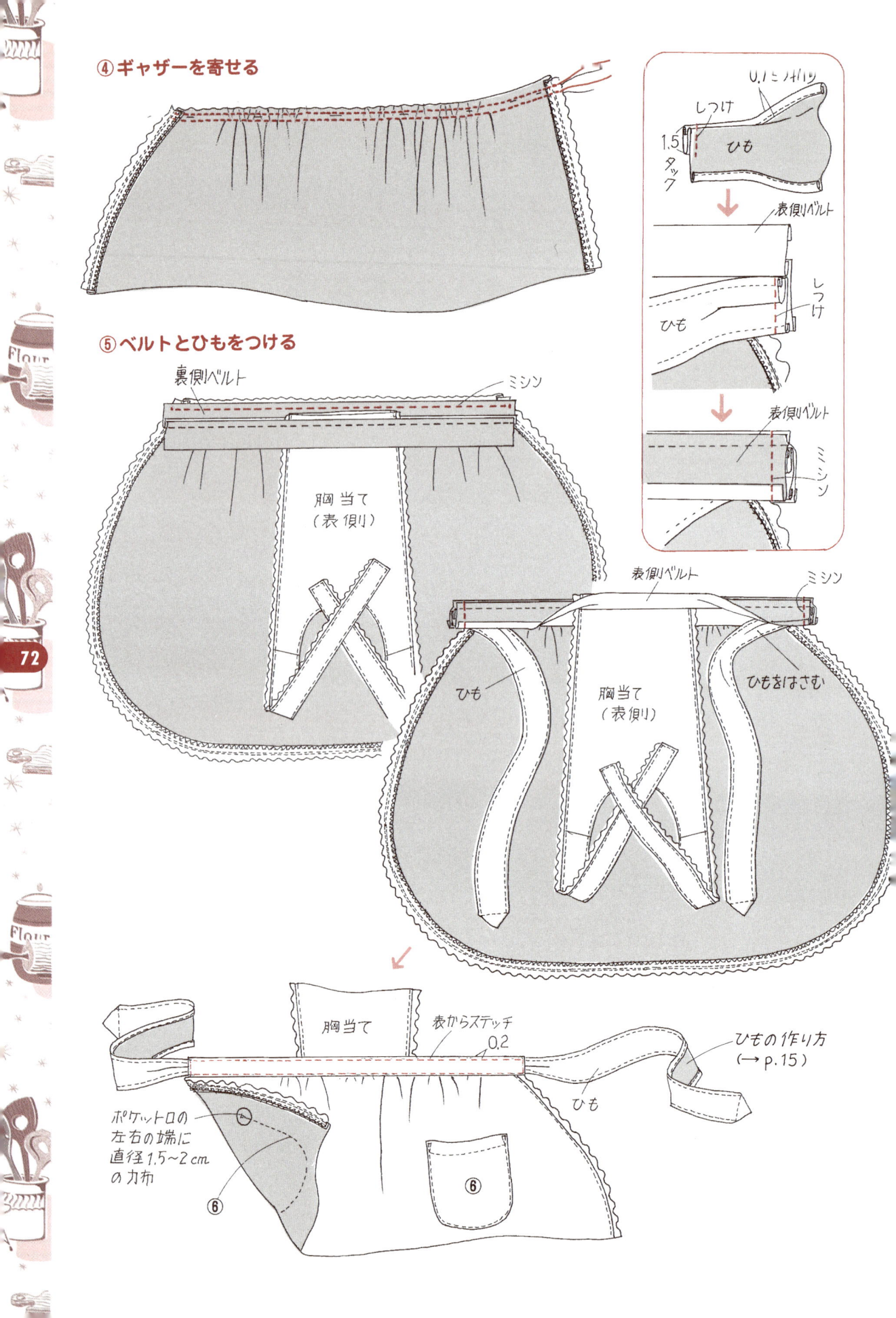

⑤ ベルトとひもをつける

- 裏側ベルト
- ミシン
- 胸当て（表側）

0.1ミシリ
しつけ
1.5 タック
ひも

表側ベルト
しつけ
ひも

表側ベルト
ミシン

表側ベルト
ミシン
ひも
胸当て（表側）
ひもをはさむ

胸当て
表からステッチ 0.2
ひもの作り方（→p.15）
ひも

ポケット口の左右の端に直径1.5〜2cmの力布
⑥
⑥

胸当てつきエプロン…3 for kids

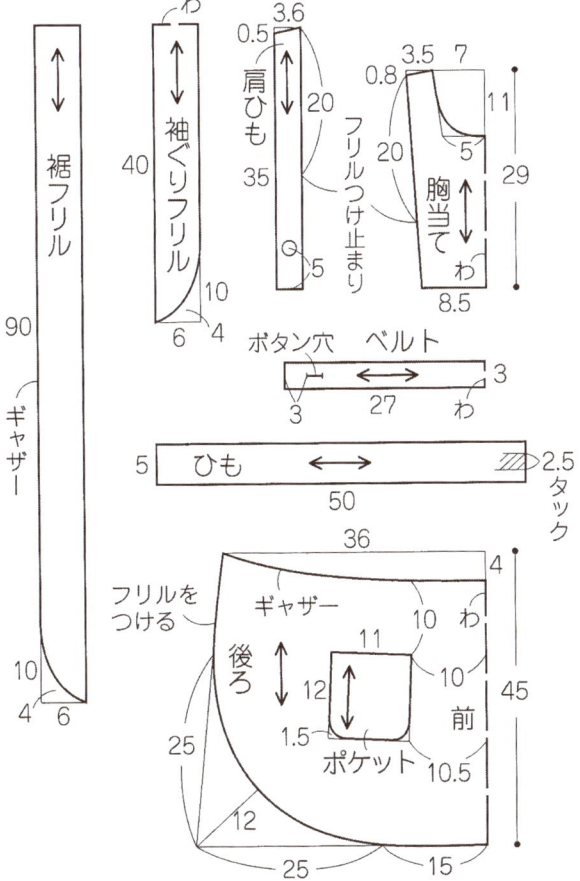

材料
布地 ・・・ 110cm幅を1m10cm
ボタン ・・・ 直径1.8cmを2個

裁ち方

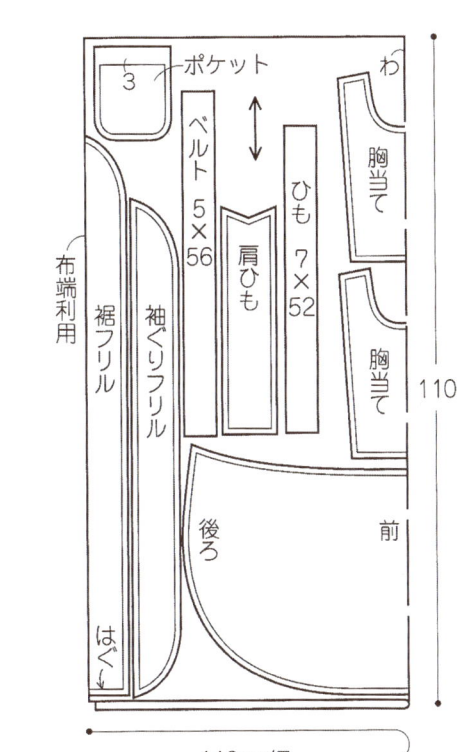

ポケット / ベルト 5×56 / 肩ひも / ひも 7×52 / 胸当て / 布端利用 / 裾フリル / 袖ぐりフリル / 後ろ / 前 / はぐ / 110 / 110cm幅

★指定以外の縫い代は1cm

わたしは120cm ママとおそろい

70ページのエプロンを子供サイズ(120cm)にして胸当てと裾にフリルをつけました
フリルつけ以外の縫い方は71〜72ページを見て!

製図

裾フリル 90 ギャザー 10 / 4 6

袖ぐりフリル 40 / 10 / 6 4

肩ひも 3.6 0.5 20 35 / 5 / フリルつけ止まり

胸当て 0.8 3.5 7 20 11 5 29 / わ 8.5

ボタン穴 ベルト 3 / 3 27 わ 3

ひも 5 / 50 2.5タック

フリルをつける / ギャザー / 後ろ / 前 / ポケット
36 4 / 10 わ / 10 / 45 / 11 12 / 1.5 / 10.5 / 25 / 12 / 25 15

フリルのつけ方

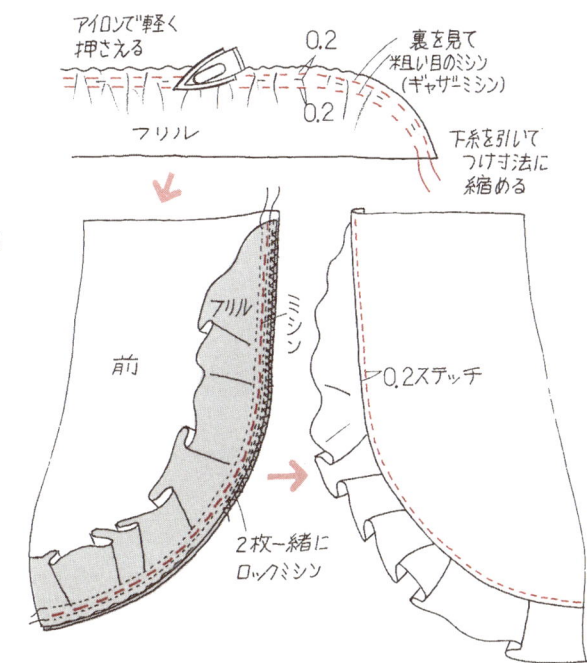

アイロンで軽く押さえる 0.2
裏を見て粗い目のミシン(ギャザーミシン) 0.2
フリル
下糸を引いてつけ寸法に縮める

前 / フリル / ミシン / 0.2ステッチ
2枚一緒にロックミシン

エプロンドレス……1

ウエストをひもで絞って着ます

材料
布地 …… 110cm幅を2m

製図

肩ひも
幅2.5
長さ40

見返し
ひも通し
後ろ
縫止り
90
30
32
0.5

見返し
ひも通し
ポケット
前
31
90
20
20
13
14
27
1.5
5
10
14
13
わ

ひも
2.5 — 160

裁ち方

ひも通し(4本) 3×6 布端利用
肩ひも 8×42
ひも 7×162
後ろ見返し
ポケット 3
前見返し
後ろ
前
わ
200
2
1.5
3
2
1.5
1.5
3
3

110cm幅

★指定以外の縫い代は1cm

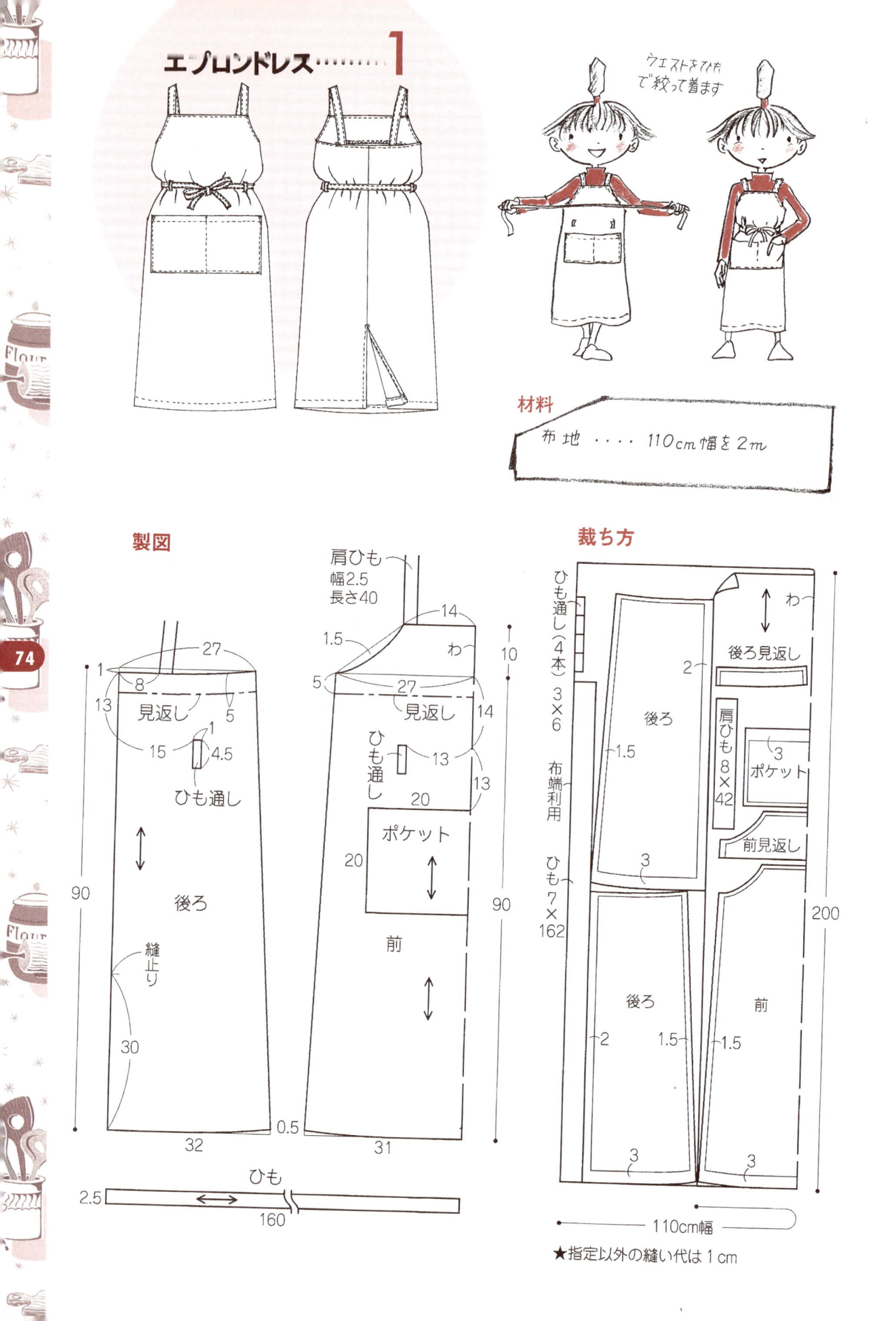

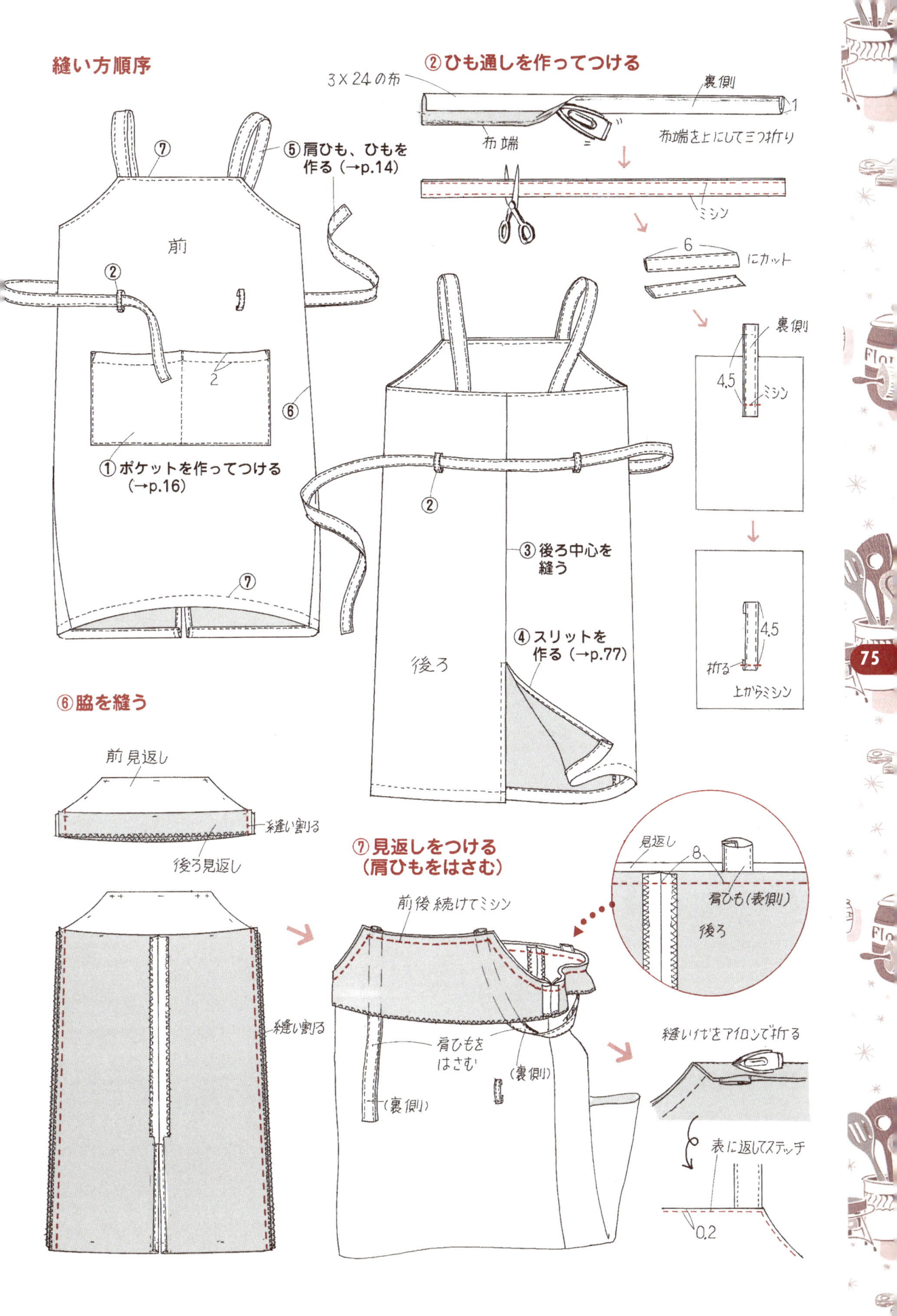

縫い方順序

① ポケットを作ってつける (→p.16)

② ひも通しを作ってつける

3×24の布

布端を上にして三つ折り

布端　裏側　1

ミシン

6にカット

裏側　4.5　ミシン

折る　4.5　上からミシン

前

⑤ 肩ひも、ひもを作る (→p.14)

③ 後ろ中心を縫う

④ スリットを作る (→p.77)

後ろ

⑥ 脇を縫う

前見返し

縫い割る

後ろ見返し

縫い割る

⑦ 見返しをつける（肩ひもをはさむ）

前後続けてミシン

肩ひもをはさむ

(裏側)

(裏側)

見返し　8

肩ひも(表側)

後ろ

縫いしろをアイロンで折る

表に返してステッチ

0.2

エプロンドレス 2

ひもは 後ろに 回して
前で 結びます
このまま 後ろで 結ぶ
だけでも ぶかぶか
感覚で 楽!

材料

布地　・・・110cm幅を1m90cm
Dかん　・・・2cm幅を4個(2組)

製図

Dかん
後ろ肩ひも 幅2 長さ47

前肩ひも 幅2 長さ17

ひも 幅2 長さ70

後ろ: 1, 8, 27, 80, 縫止り, 25, 30, 0.5

前: 12, 4, 見返し, 22, 27, 4, 7, 見返し, 8, 10, 1.5, 13, ポケット, 4, 2, 13, 13, 16, 80, 30, 0.5

裁ち方

前肩ひも 6×20

後ろ 2, 後ろ肩ひも 6×72, ひも 6×72

1.5, 見返し, 6×52

3, わ, 2

袖ぐり バイアス布 3×27

見返し, ポケット口, ポケット

前 1.5, 3

190

110cm幅

★指定以外の縫い代は1cm

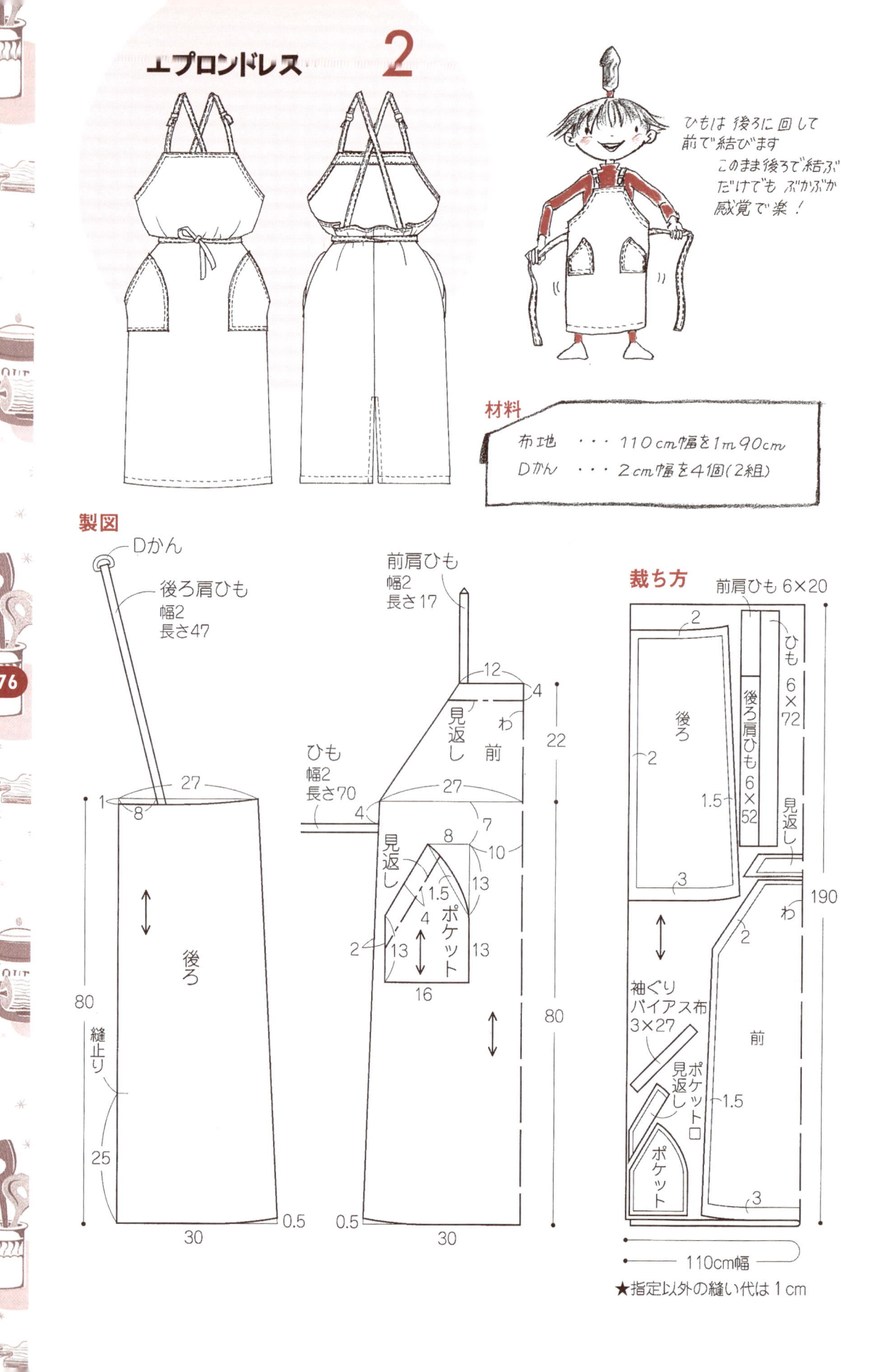

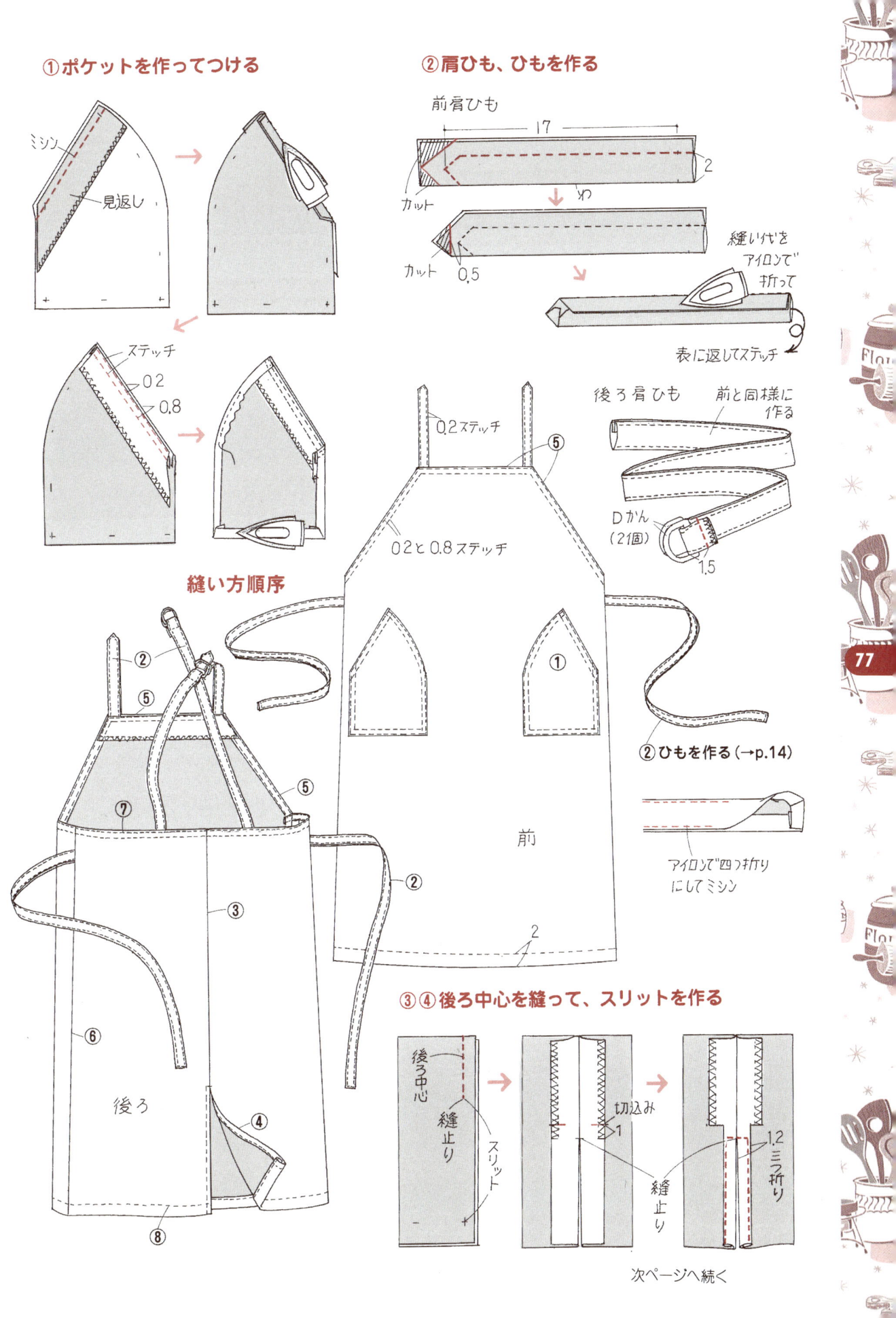

① ポケットを作ってつける

- ミシン
- 見返し
- ステッチ
- 0.2
- 0.8

② 肩ひも、ひもを作る

前肩ひも
- 17
- 2
- カット
- わ
- カット
- 0.5
- 縫い代をアイロンで折って
- 表に返してステッチ

後ろ肩ひも　前と同様に作る
- Dかん（2個）
- 1.5

縫い方順序

- 0.2ステッチ
- ⑤
- 0.2と0.8ステッチ
- 前
- 2
- ②
- ③
- ④
- ⑤
- ⑥
- ⑦
- ⑧
- 後ろ

② ひもを作る（→p.14）
- アイロンで四つ折りにしてミシン

③④ 後ろ中心を縫って、スリットを作る

- 後ろ中心
- 縫止り
- スリット
- 切込み
- 1
- 縫止り
- 1.2 三つ折り

次ページへ続く

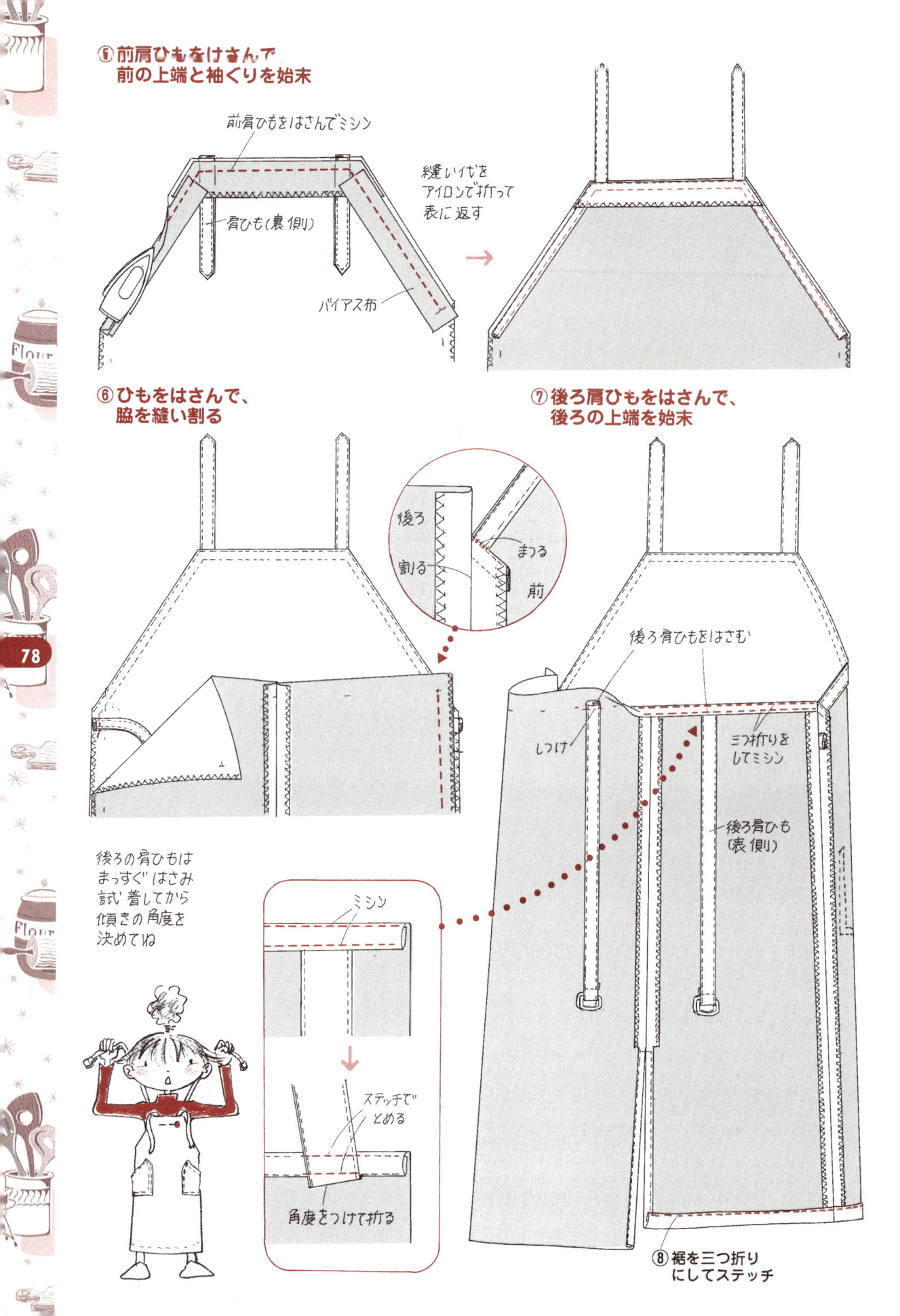

⑤ 前肩ひもをはさんで 前の上端と袖ぐりを始末

前肩ひもをはさんでミシン
肩ひも（裏側）
バイアス布
縫い代をアイロンで折って表に返す

⑥ ひもをはさんで、脇を縫い割る

後ろ
割る
まつる
前

⑦ 後ろ肩ひもをはさんで、後ろの上端を始末

後ろ肩ひもをはさむ
しつけ
三つ折りをしてミシン
後ろ肩ひも（表側）

後ろの肩ひもはまっすぐはさみ試着してから傾きの角度を決めてね

ミシン
ステッチでとめる
角度をつけて折る

⑧ 裾を三つ折りにしてステッチ

ぴしっと仕立てる5つのポイント

① 縫い代、折り代の幅をそろえる

イヤ〜

♥ 裁断線の印はしっかりつけよう

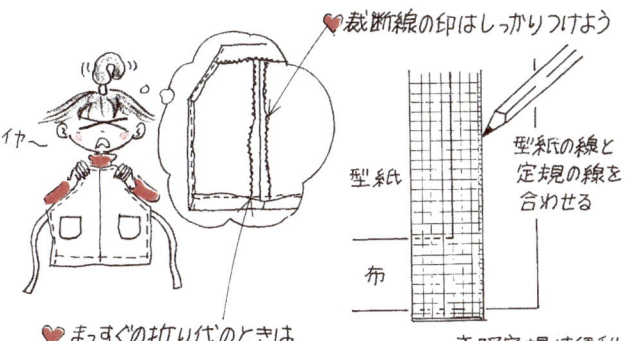

型紙の線と定規の線を合わせる

型紙／布

方眼定規は便利！

♥ まっすぐの折り代のときは折り代定規が便利

20cmくらい／厚紙／下の縁と平行の線を引く

● 3cm折りたいときは
3cmに合わせる／下の縁に沿ってアイロンで折る

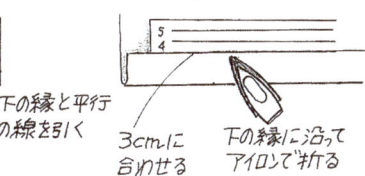

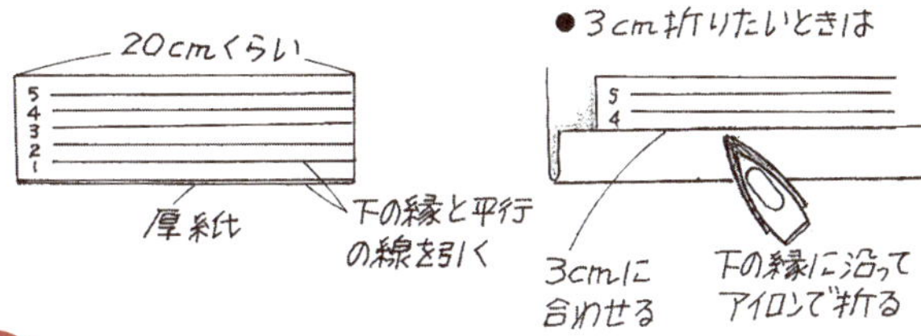

② 一手間のしつけ

♥ 一手間かけて しつけをしよう

時間はちょっとかかるけど出来よりはぴしっ！

接着テープや接着糸なども使ってみては？

③ アイロンはこまめに

♥ アイロンかけは重要ポイント

● ミシンをかけたら縫い目にアイロン

● 見返しやバイアス布を表に返す前には必ずアイロン

アイロンはすべらせるより押さえるようにかけるほうがしっかりかかります

アイロンはエライ！

余分な縫い代はカットして切りそろえる

● ポケットはアイロンでしっかり形作ってからつけよう！

④ ひものつけ方は

♥ ひもの縫い代は内側、下側に

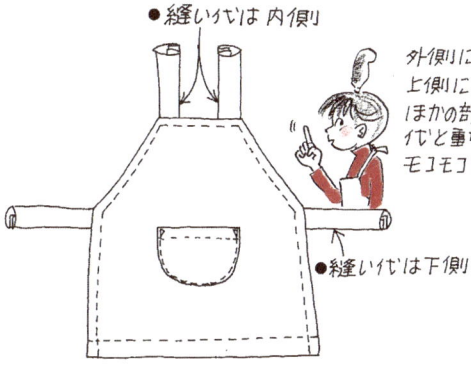

● 縫い代は内側

外側にしたり上側にしたりするとほかの部分の縫い代と重なってモコモコになりそう

● 縫い代は下側

♥ ひもをつけるとき 見返しや折り代にはさんでつけるのは 自信な〜い というとき

☆ あとからつけよう！

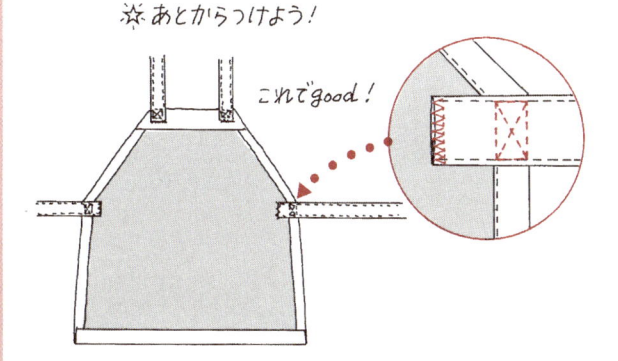

これでgood！

⑤ 布端の始末はしっかり

♥ ロックミシン
ざっと粗裁ちしたら縫い代線に沿ってかけていく布かがりと布のカットが一度にできる

● 裁ったあとで全部裁ち目を始末しておくと縫いやすい

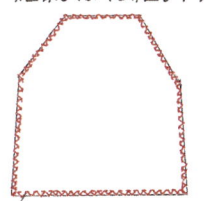

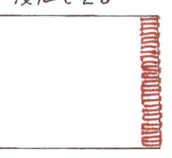

縫う前に回りにロックミシン or ジグザグミシンをかけてしまう

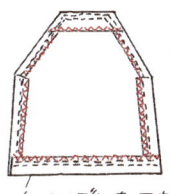

♥ ジグザグミシン
針目を3〜4ミリ、振り幅を4〜5ミリに設定して布の端に沿って縫っていく

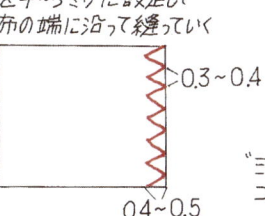

0.3〜0.4
0.4〜0.5

"三つ折りにして"とあっても二つ折りでもOKよ！

エプロンドレス 3

まず、後ろを前で結びとめます

前は後ろで結びます

前 / 後ろ

材料
布地 ・・・・ 90cm幅を2m
（140cm幅を1m）
バイアステープ・・・・1.8cm幅を6m50cm
綿テープ ・・・・1.2cm幅を3m10cm

製図

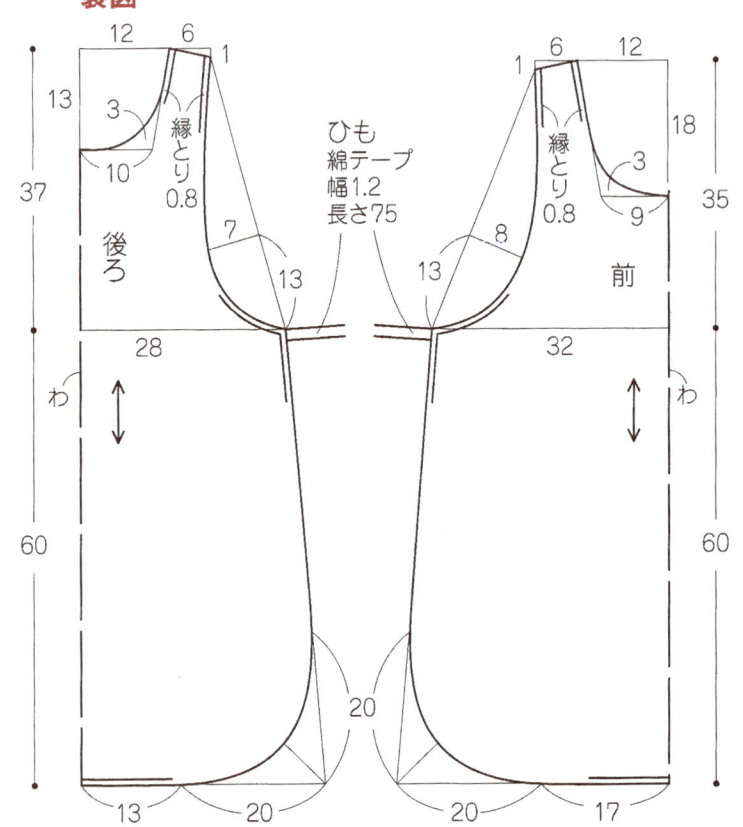

後ろ: 12, 6, 1, 13, 3, 10, 縁とり0.8, 7, 13, 28, 37, 60, 13, 20, 20

ひも 綿テープ 幅1.2 長さ75

前: 1, 6, 12, 18, 縁とり0.8, 3, 9, 8, 13, 32, 35, 60, 20, 17

わ

裁ち方

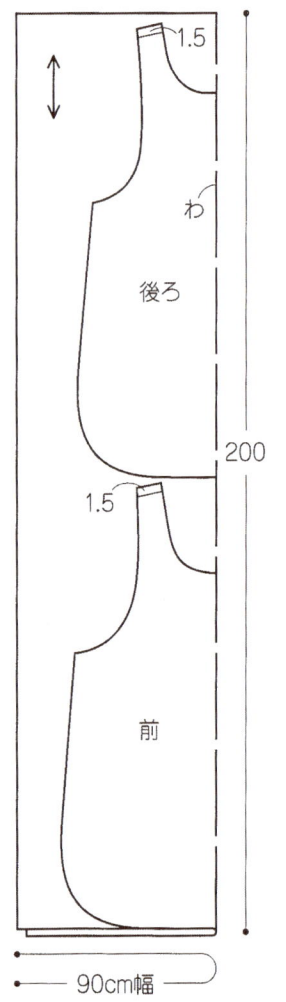

1.5
後ろ
わ
200
1.5
前

90cm幅

★指定以外の縫い代はなし

① 肩を縫い割る

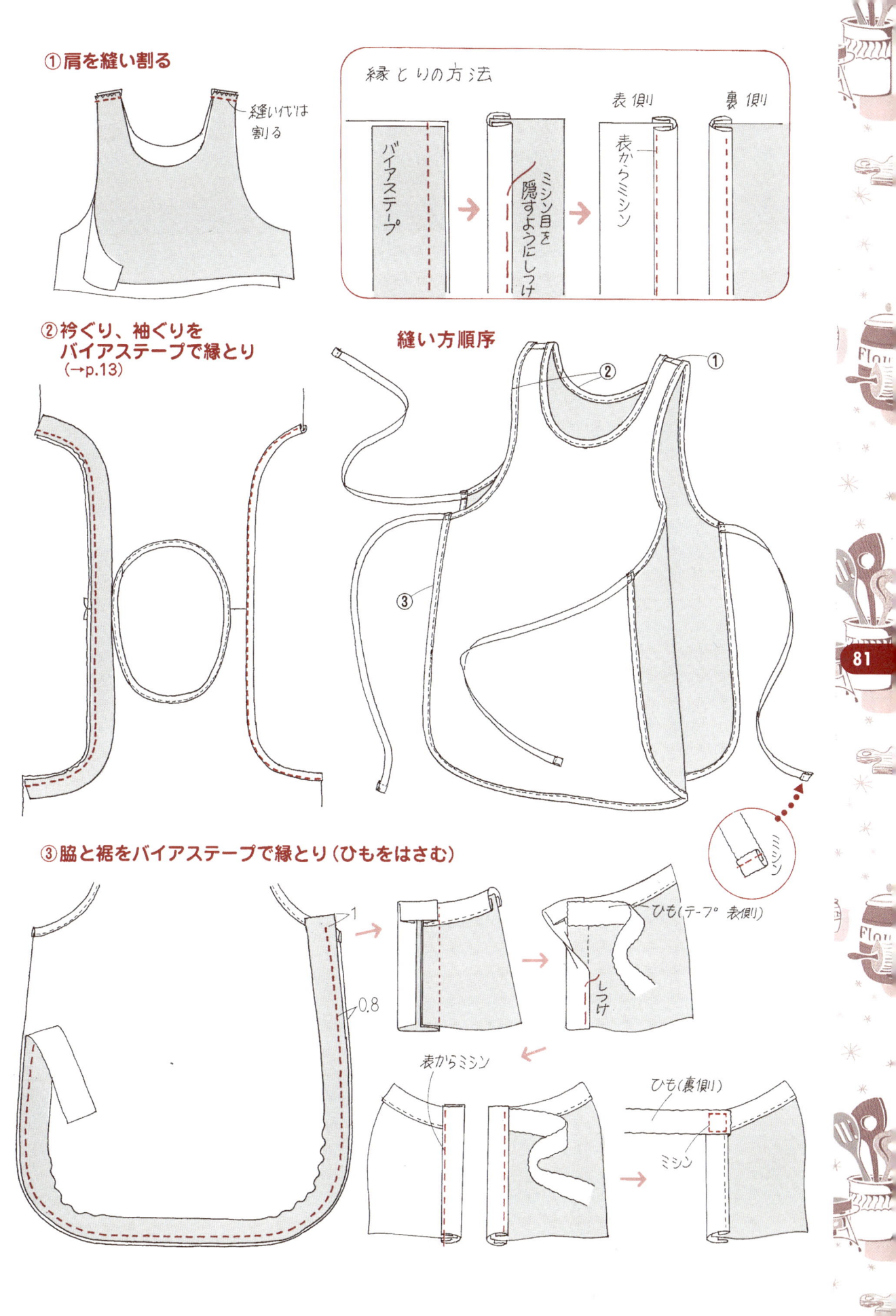

縫い代は割る

縁とりの方法

バイアステープ → ミシン目を隠すようにしつけ → 表からミシン

表側　裏側

② 衿ぐり、袖ぐりをバイアステープで縁とり（→p.13）

縫い方順序

③ 脇と裾をバイアステープで縁とり（ひもをはさむ）

1
0.8

ひも（テープ表側）

しつけ

表からミシン

ひも（裏側）

ミシン

エプロンドレス 4

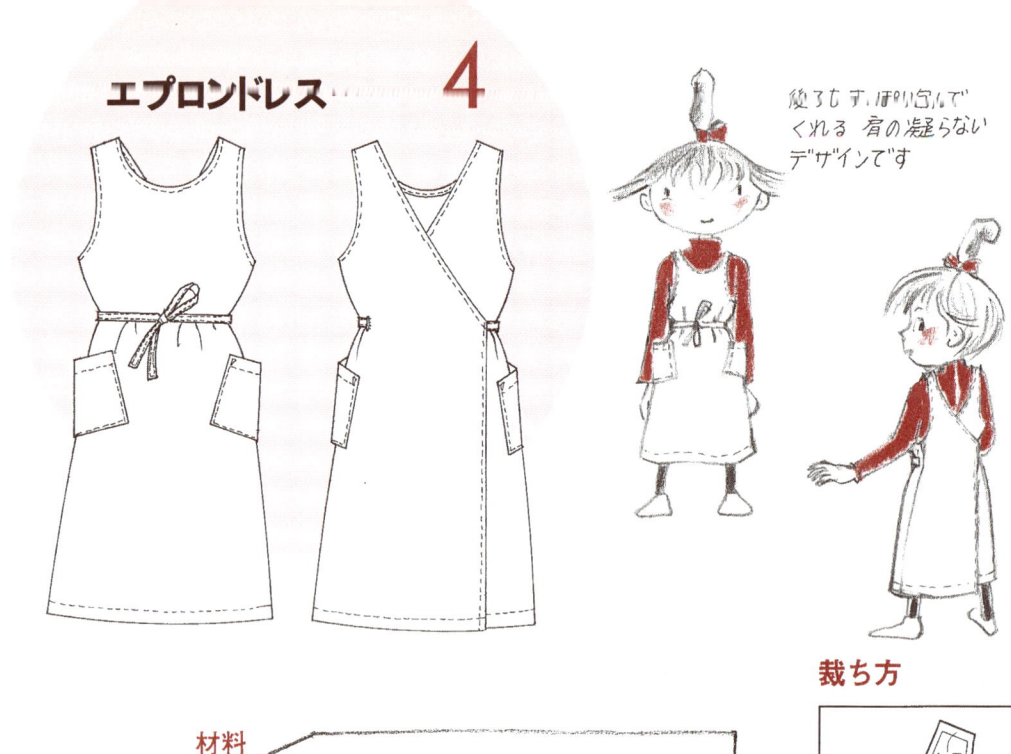

後ろむすっぽり包んでくれる 肩の凝らないデザインです

材料

布地 ‥‥ 110cm幅を 2m30cm
バイアステープ ‥‥ 1.2cm幅を 4m10cm
接着芯（ひも通し穴の力布用）‥‥少々

製図

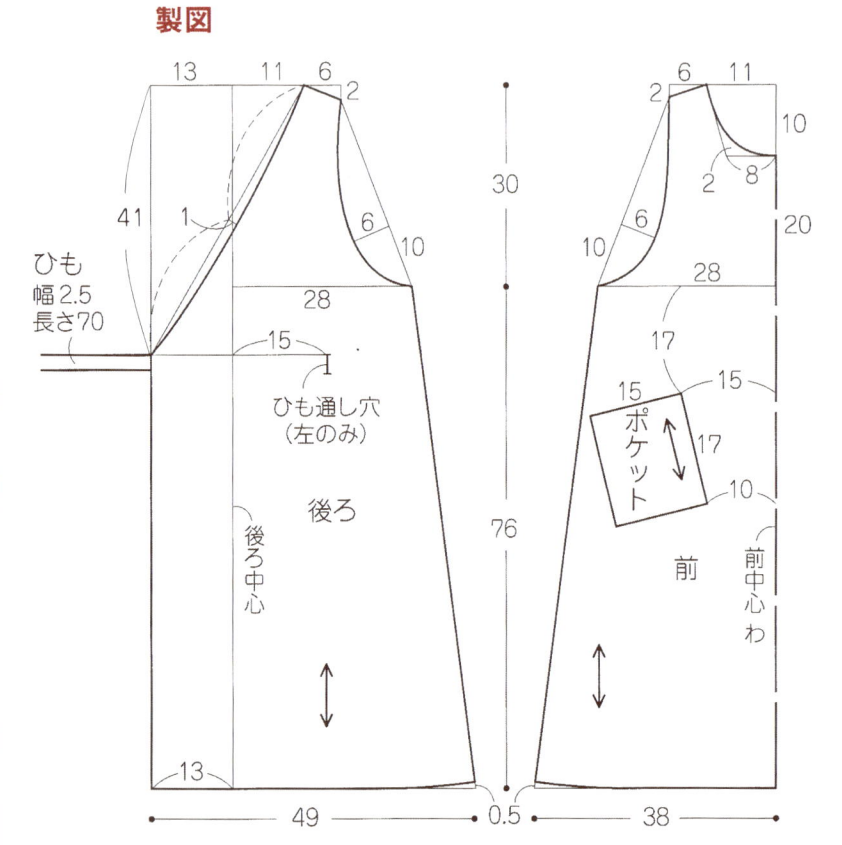

ひも 幅2.5 長さ70

ひも通し穴（左のみ）

後ろ / 後ろ中心

前 / 前中心わ

ポケット 15×17

13, 11, 6 / 41, 1, 28, 6, 10, 30, 15, 76, 13, 49, 0.5, 38
6, 11, 2, 8, 10, 6, 10, 20, 28, 17, 15, 10

裁ち方

後ろ / わ
1.5 / 1.5 / 3.5

ポケット 3

ひも 7×73

前
1.5 / 1.5 / 3.5

230
110cm幅

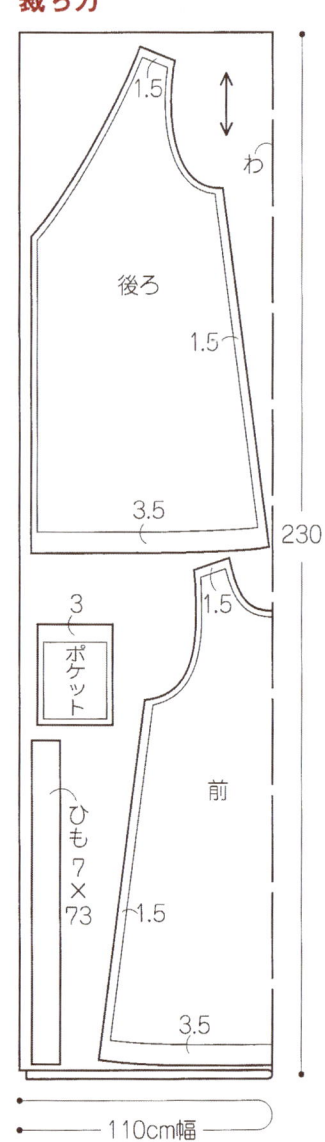

★指定以外の縫い代は1cm

縫い方順序

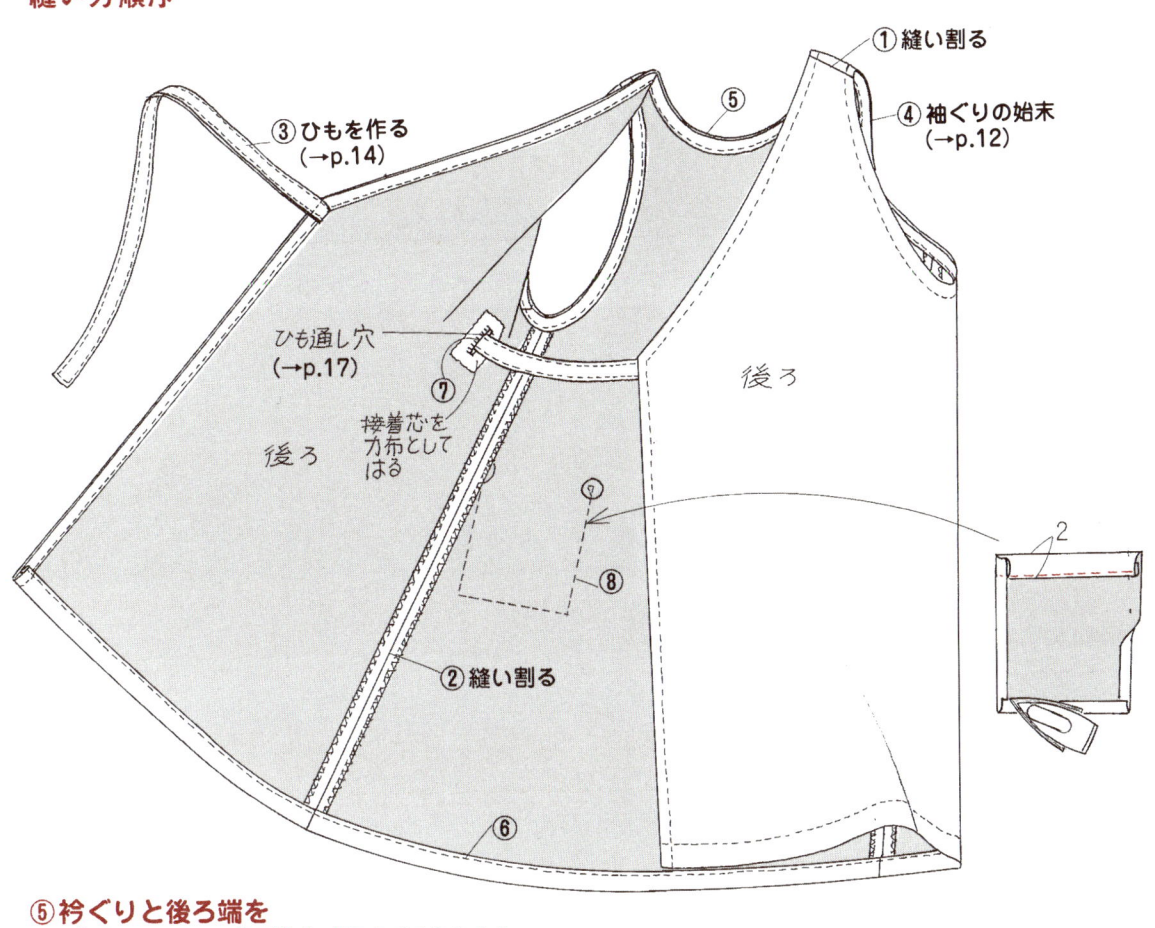

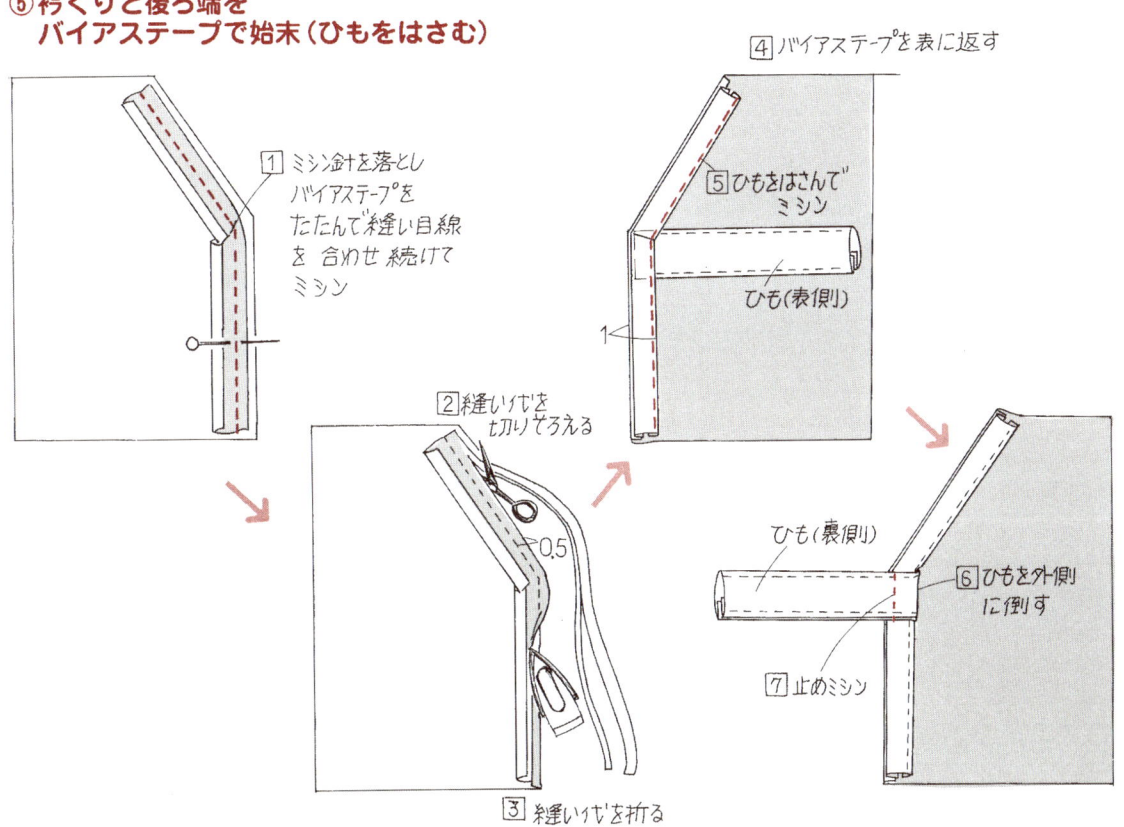

① 縫い割る
③ ひもを作る (→p.14)
⑤
④ 袖ぐりの始末 (→p.12)
ひも通し穴 (→p.17)
⑦
接着芯を力布としてはる
後ろ
後ろ
②縫い割る
⑧
⑨
⑥
2

⑤ 衿ぐりと後ろ端をバイアステープで始末（ひもをはさむ）

1 ミシン針を落としバイアステープをたたんで縫い目線を合わせ続けてミシン

2 縫いしろを切りそろえる
0.5
3 縫いしろを折る

4 バイアステープを表に返す
5 ひもをはさんでミシン
ひも（表側）
1

ひも（裏側）
6 ひもを外側に倒す
7 止めミシン

83

エプロンドレス 5

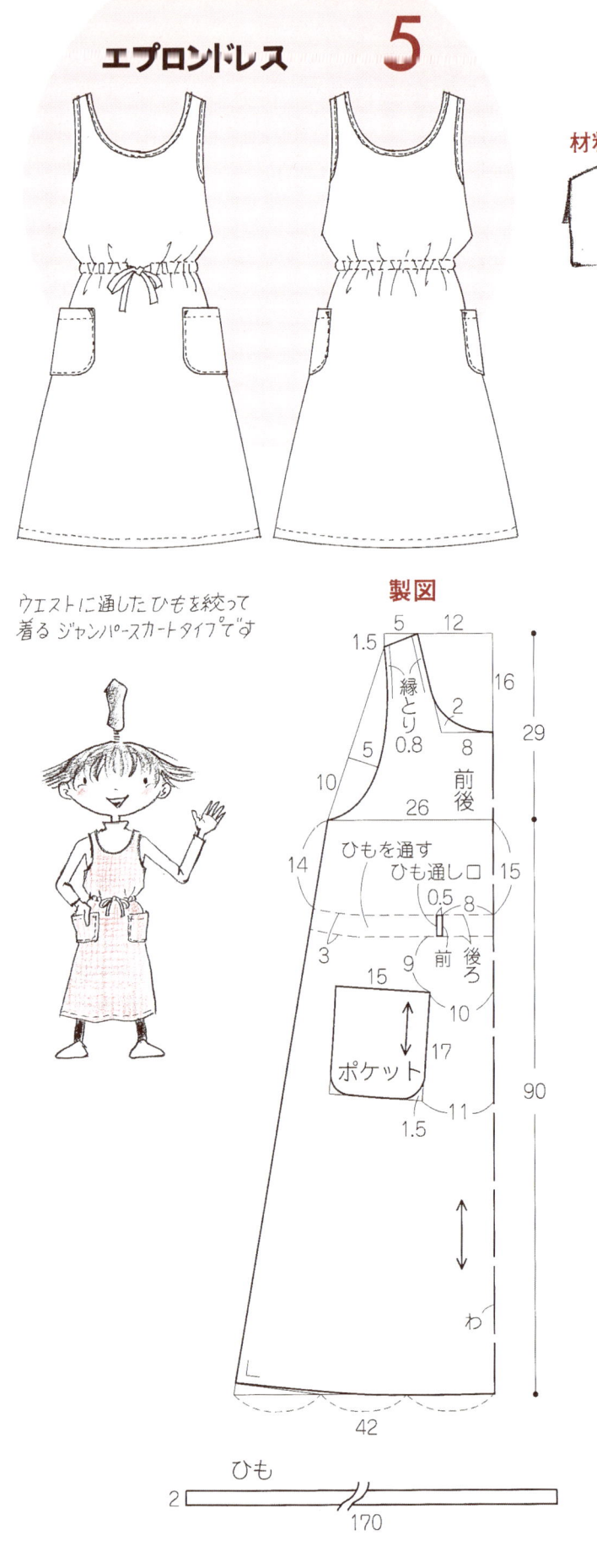

材料
布地‥‥110cm幅を2m70cm
接着芯(ひも通し穴の力布用)‥‥少々

ウエストに通したひもを絞って着るジャンパースカートタイプです

製図

5 12
1.5
縁とり 2 16
5 0.8
10 8 29
前後
26
14 ひもを通す 15
ひも通し口
0.5 8
3 9 前 後ろ
15 10
ポケット 17
11
1.5
90
わ
42

ひも
2
170

裁ち方

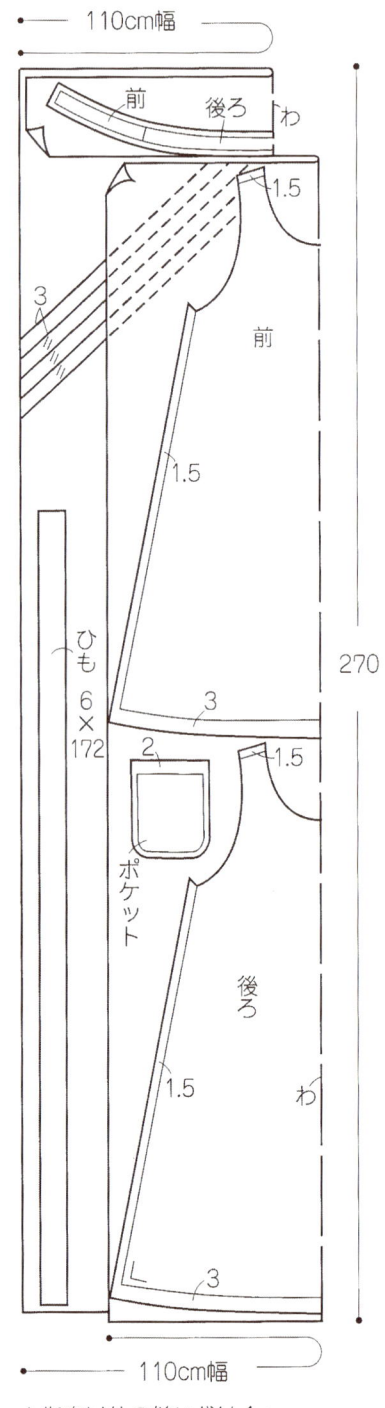

110cm幅

前 後ろ わ
1.5
3
前
1.5
ひも 6×172
3
2 1.5
ポケット
後ろ
1.5 わ
3

270

110cm幅

★指定以外の縫い代は1cm

①ひも通し穴を作る

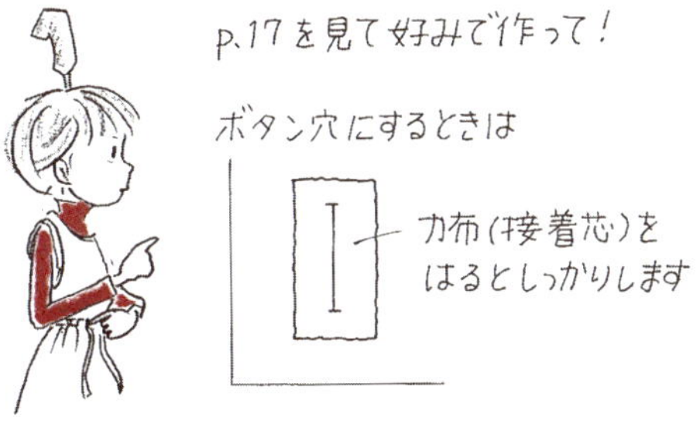

p.17を見て好みで作って！

ボタン穴にするときは

力布（接着芯）をはるとしっかりします

⑥ひも通しをつける

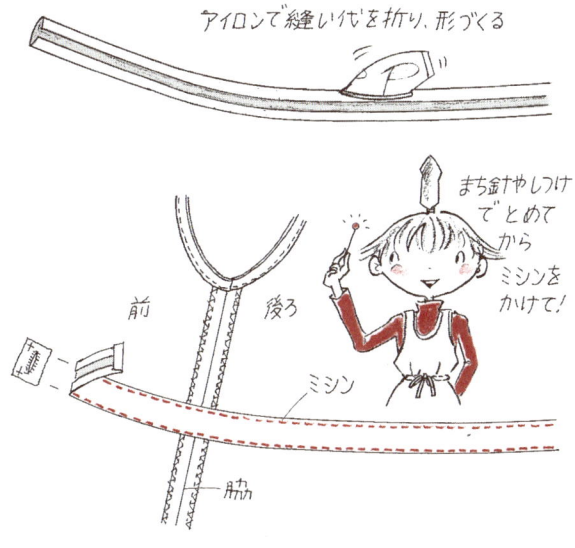

アイロンで縫い代を折り、形づくる

まち針やしつけでとめてから ミシンをかけて！

前　後ろ

ミシン

脇

縫い方順序

②肩を縫い割る

④バイアス布で縁どり（→p.12）

⑧ひもを作って（→p.14）通す

①　⑥

③脇を縫い割る

1.5

⑦ポケットを作ってつける（→p.16）

⑤裾を三つ折りにしてステッチ（→p.12）

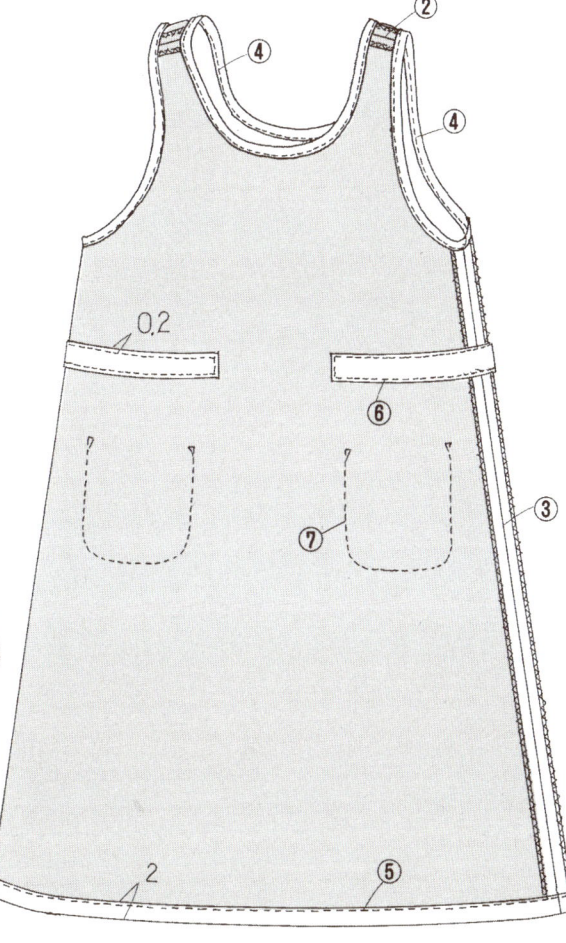

②　④　④　③　0.2　⑥　⑦　2　⑤

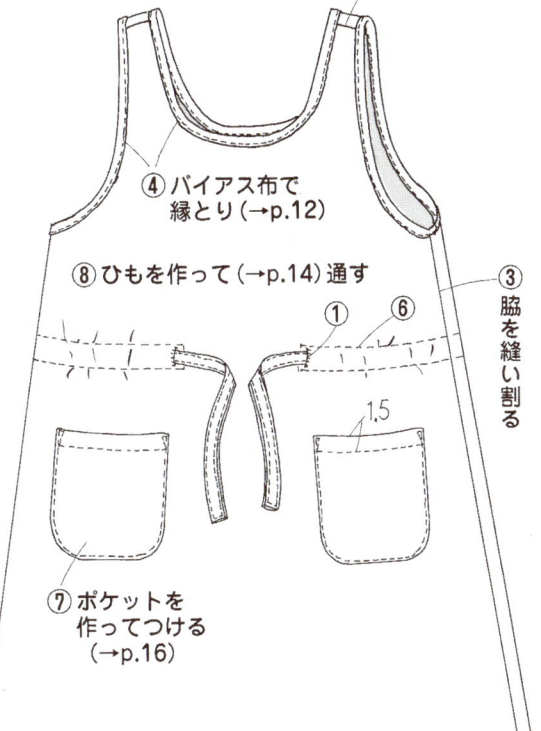

厚手の布で作ったので穴は ほど目に ひもはロープにしてみました

衿ぐり、袖ぐりのバイアス布も市販のバイアステープを使って同系色にしたり目立つ色を使ってデザインのポイントにしたりいろいろできそう！

ひもは見えない部分をゴムテープにすると楽！

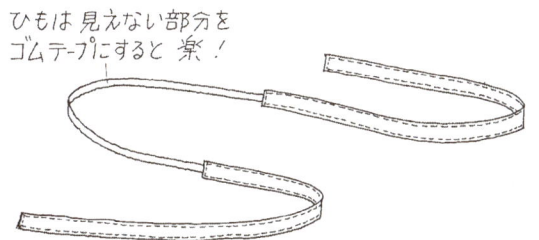

スモック ……… 1

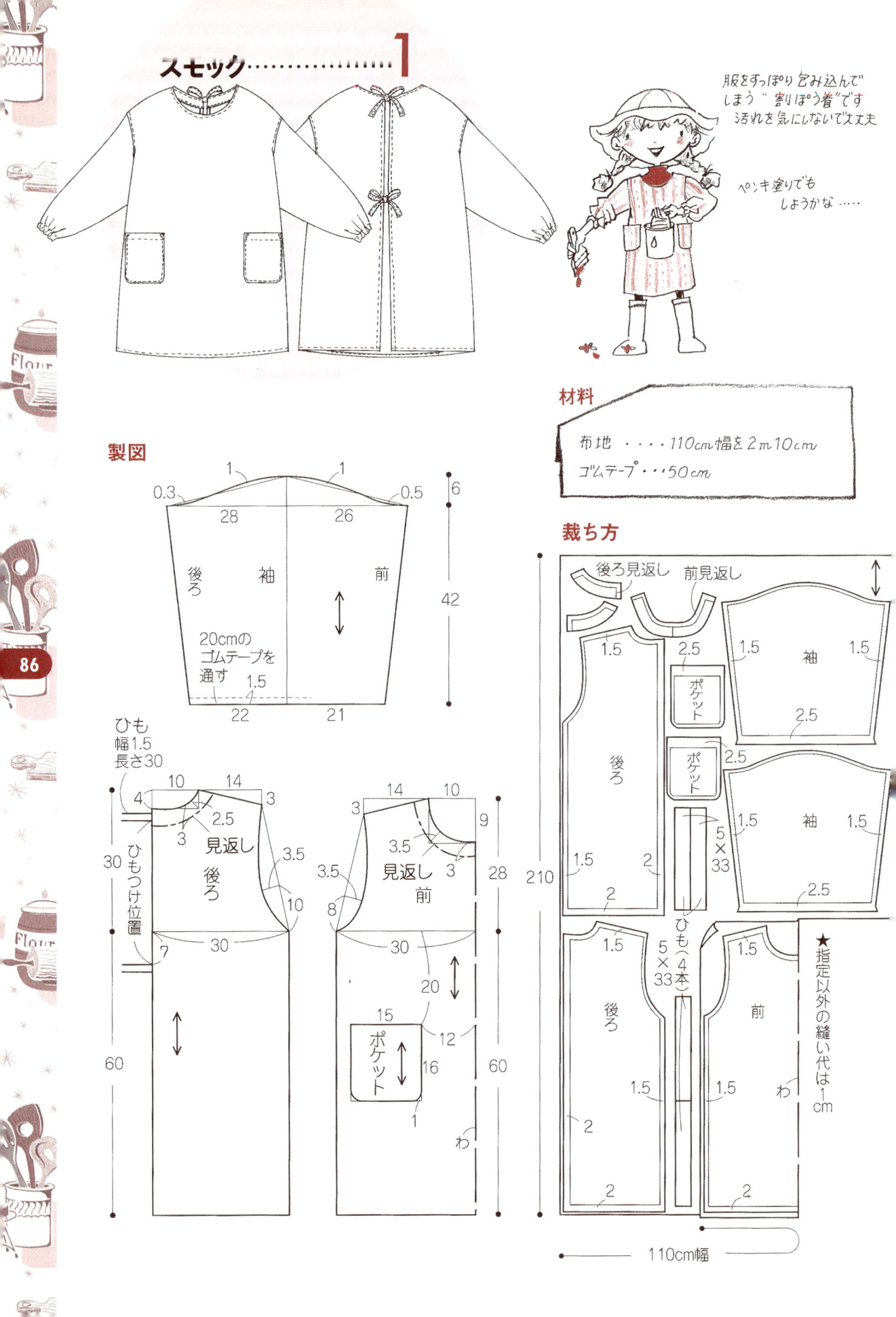

服をすっぽり包み込んでしまう"割ぽう着"です
汚れを気にしないで大丈夫

ペンキ塗りでもしようかな……

材料

布地 …… 110cm幅を 2m10cm
ゴムテープ … 50cm

製図

袖: 後ろ 28, 前 26, 上 1/1, 0.3/0.5, 6, 42, 22/21, 1.5
20cmのゴムテープを通す

後ろ: ひも 幅1.5 長さ30, 10, 14, 4, 3, 2.5, 3, 3.5, 10, ひもつけ位置 30, 7, 30, 60, 見返し 後ろ

前: 14, 10, 3, 3.5, 2.5, 3, 3.5, 8, 見返し 前, 30, 9, 28, 20, ポケット 15/16, 1, 60, わ

裁ち方

後ろ見返し, 前見返し
袖 1.5, 2.5, 1.5, 2.5, 1.5, 2.5
ポケット, ポケット
後ろ 1.5, 2, 2
ひも 5×33
ひも(4本) 5×33
後ろ 1.5, 2, 2
前 1.5, 1.5, わ

210
110cm幅

★指定以外の縫い代は1cm

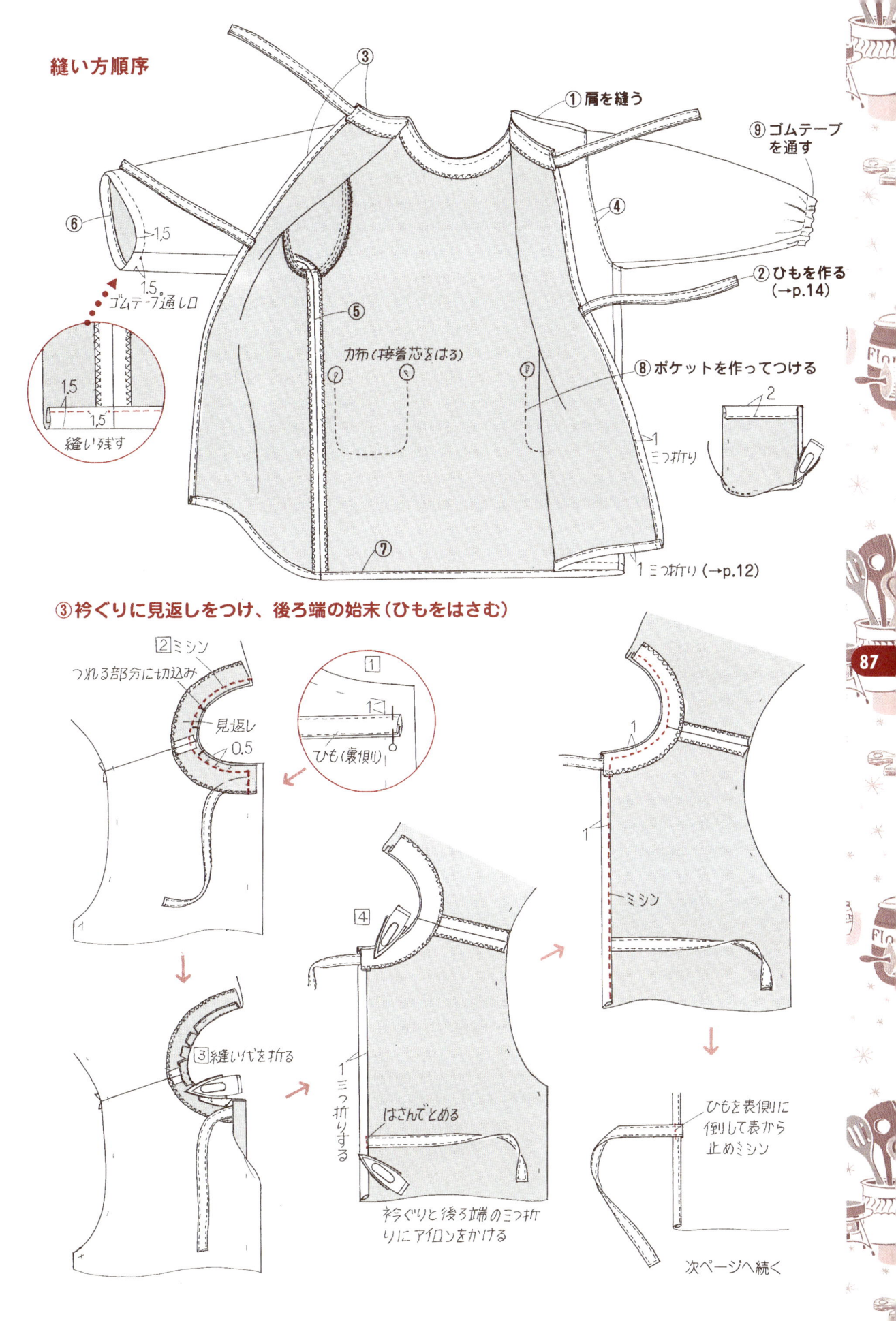

縫い方順序

① 肩を縫う
② ひもを作る (→p.14)
③ 衿ぐりに見返しをつけ、後ろ端の始末（ひもをはさむ）
④
⑤ 力布（接着芯をはる）
⑥ ゴムテープ通し口
⑦ 1三つ折り (→p.12)
⑧ ポケットを作ってつける
⑨ ゴムテープを通す

1.5
1.5
縫い残す

1三つ折り

③ 衿ぐりに見返しをつけ、後ろ端の始末（ひもをはさむ）

[1] ひも（裏側）
[2] ミシン　つれる部分に切込み　見返し　0.5
[3] 縫いしろを折る
[4] はさんでとめる　1三つ折りする　衿ぐりと後ろ端の三つ折りにアイロンをかける

ミシン
1
ひもを表側に倒して表から止めミシン

次ページへ続く

④ 袖をつける

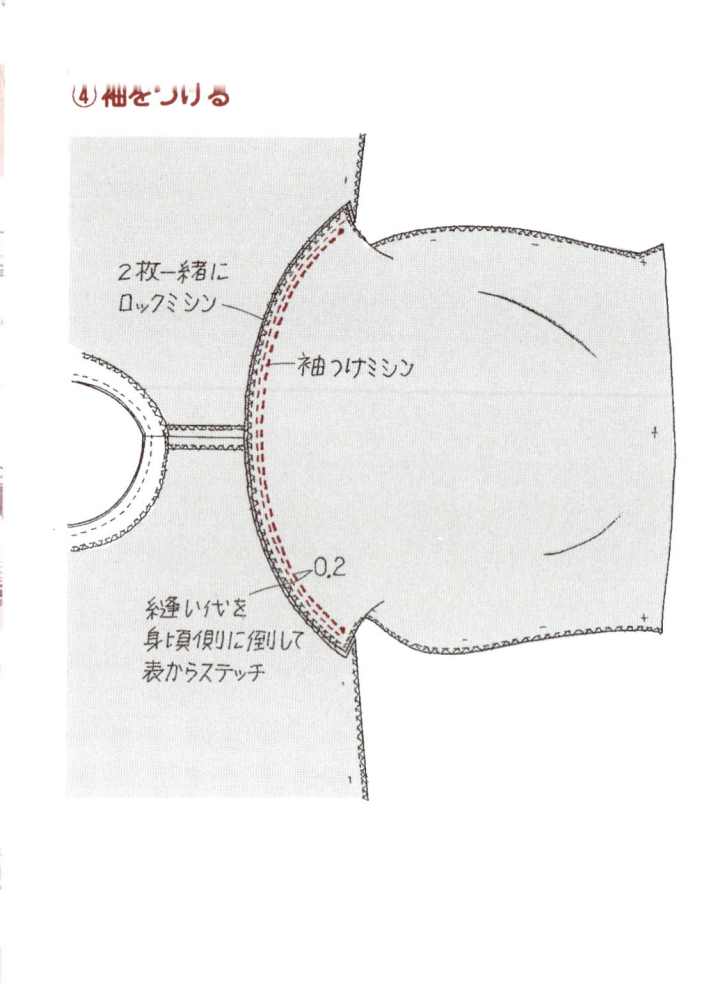

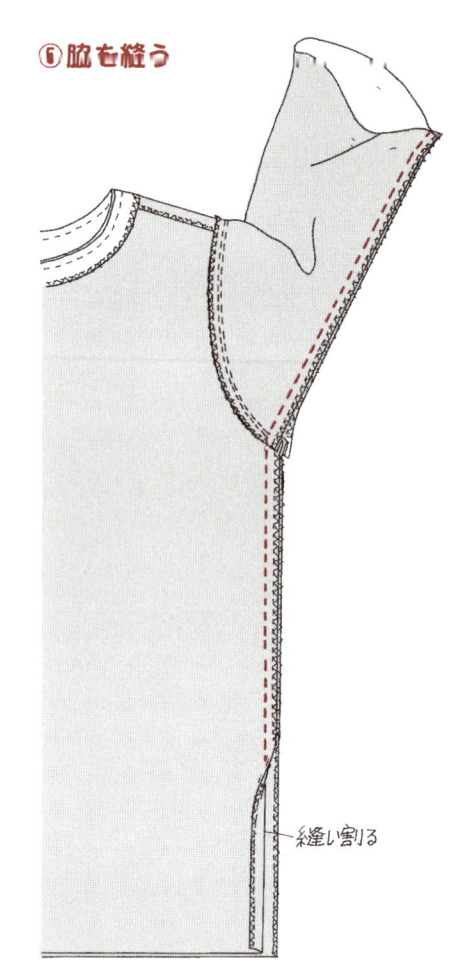

- 2枚一緒にロックミシン
- 袖つけミシン
- 0.2
- 縫い代を身頃側に倒して表からステッチ

⑤ 脇を縫う

- 縫い割る

スモックのデザインのヒント

- 着丈は75cmくらいが動きやすい
- 素材を選べばオールシーズンOK!
- 75
- ポケットは大きめが便利
- シャツ風に!
- スカートにも合っちゃうよ!
- 後ろはひもでとめてもボタンにしても
- 胸ポケットも便利!
- 丈を長くするときはスリットを深めに
- 裾は直線よりちょっとカーブさせて
- 袖も短かめ
- 裾を折ってポケットに

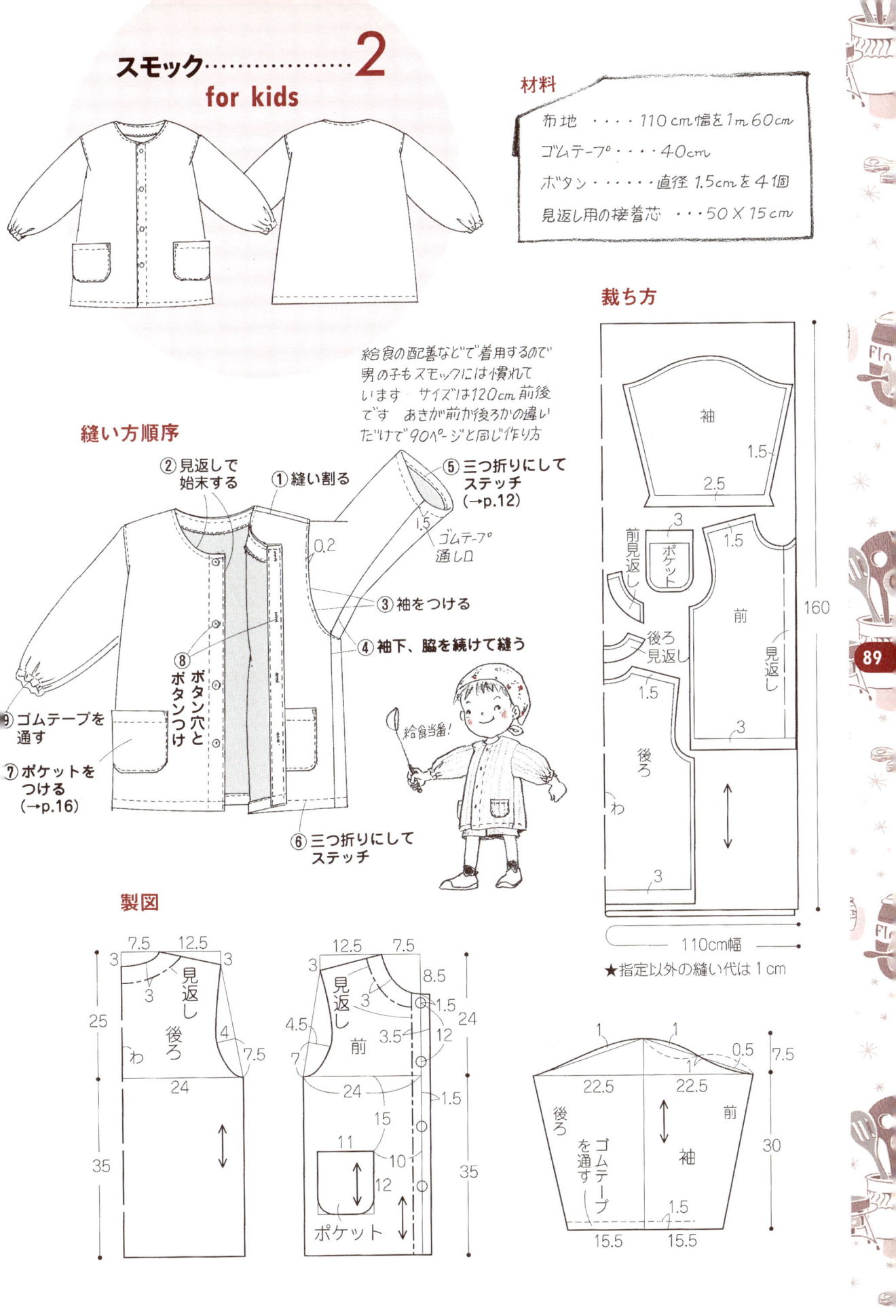

スモック 2 for kids

材料
布地 ・・・・ 110cm幅を 1m60cm
ゴムテープ ・・・・ 40cm
ボタン ・・・・・ 直径 1.5cm を 4個
見返し用の接着芯 ・・・ 50×15cm

縫い方順序

① 縫い割る
② 見返しで始末する
③ 袖をつける
④ 袖下、脇を続けて縫う
⑤ 三つ折りにしてステッチ（→p.12）
⑥ 三つ折りにしてステッチ
⑦ ポケットをつける（→p.16）
⑧ ボタン穴とボタンつけ
⑨ ゴムテープを通す

ゴムテープ通し口
0.2
1.5

給食当番！

給食の配膳などで着用するので男の子もスモックには慣れています。サイズは120cm前後です。あきが前か後ろかの違いだけで90ページと同じ作り方

裁ち方

袖 1.5 2.5
前見返し 3
ポケット 1.5
後ろ見返し 1.5
前 1.5 3
後ろ わ 3
160
110cm幅

★指定以外の縫い代は1cm

製図

後ろ わ
7.5 12.5
3 3
25
3
4
7.5
24
35

前 見返し
12.5 7.5
3 3
8.5
1.5
4.5 3 12
3.5
7
24
1.5
15
11
10
12
ポケット
24
35

袖 後ろ 前
1 1
0.5
22.5 22.5
7.5
ゴムテープを通す
30
1.5
15.5 15.5

スモック ……… 3
for men

男性にも以外に似合うスモックタイプです

丈を短かくして脇にスリット

後ろボタンあきです

脇にスリット

材料
布地‥‥110cm幅を2m60cm
ボタン‥‥直径2cmを2個
ゴムテープ‥50cm
見返し用の接着芯‥‥80×15cm

製図

袖: 後ろ28 / 前26、1.2 / 1.2、0.5 / 0.8、10、42、24cmのゴムテープを通す、1.5、22 / 21

見返し 後ろ: 12 / 15、4 / 4、2、3.5、4、4.5、9、32、1.5、10、50、32、12 / 12

見返し 前: 15 / 12、4 / 4、3.5 / 10、10、4、9、32、30、18、ポケット 11/12、13、12、12 / 12、50、縫止り、わ

裁ち方

110cm幅

前 1.5 / 1.5 / 2.5 わ

前見返し / 後ろ見返し 1.5 / 4.5

ポケット 2.5 / 2.5

後ろ 1.5 / 見返し 2.5

袖 1.5 / 1.5 / 2.5

袖 1.5 / 1.5 / 2.5 / 4.5

後ろ 1.5 / 見返し 2.5

260

110cm幅

★指定以外の縫い代は1cm

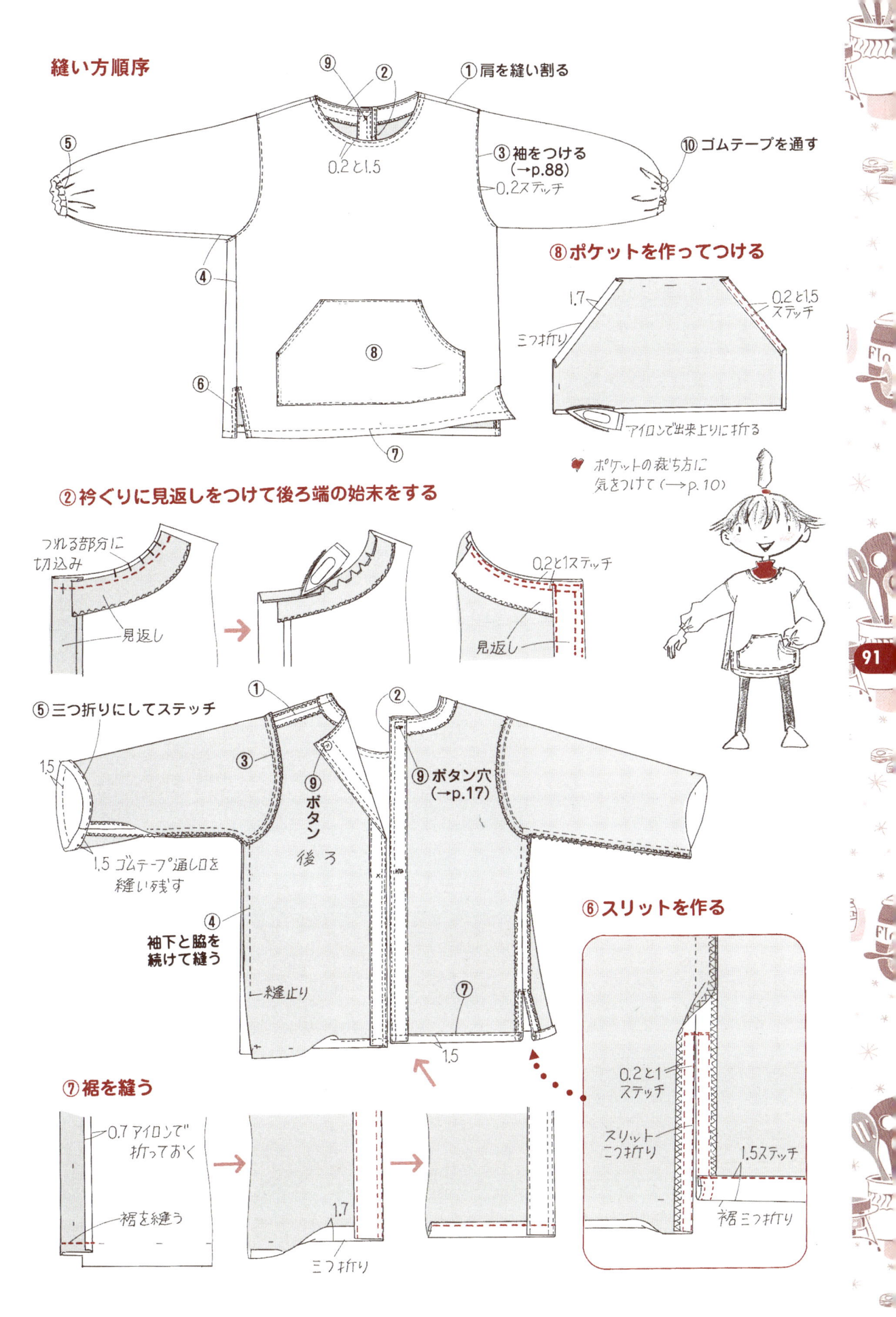

縫い方順序

① 肩を縫い割る
② 0.2と1.5
③ 袖をつける (→p.88)
　0.2ステッチ
④
⑤
⑥
⑦
⑧
⑨
⑩ ゴムテープを通す

⑧ポケットを作ってつける

1.7
0.2と1.5ステッチ
三つ折り
アイロンで出来上りに折る

♥ ポケットの裁ち方に気をつけて (→p.10)

②衿ぐりに見返しをつけて後ろ端の始末をする

つれる部分に切込み
見返し
0.2と1ステッチ
見返し

⑤三つ折りにしてステッチ

1.5
1.5 ゴムテープ通し口を縫い残す

①
②
③
④ 袖下と脇を続けて縫う
縫止り
⑦
1.5

⑨ボタン
後ろ
⑨ボタン穴 (→p.17)

⑥スリットを作る

0.2と1ステッチ
スリット三つ折り
1.5ステッチ
裾三つ折り

⑦裾を縫う

0.7 アイロンで折っておく
裾を縫う
1.7
三つ折り

スモック ……… 4

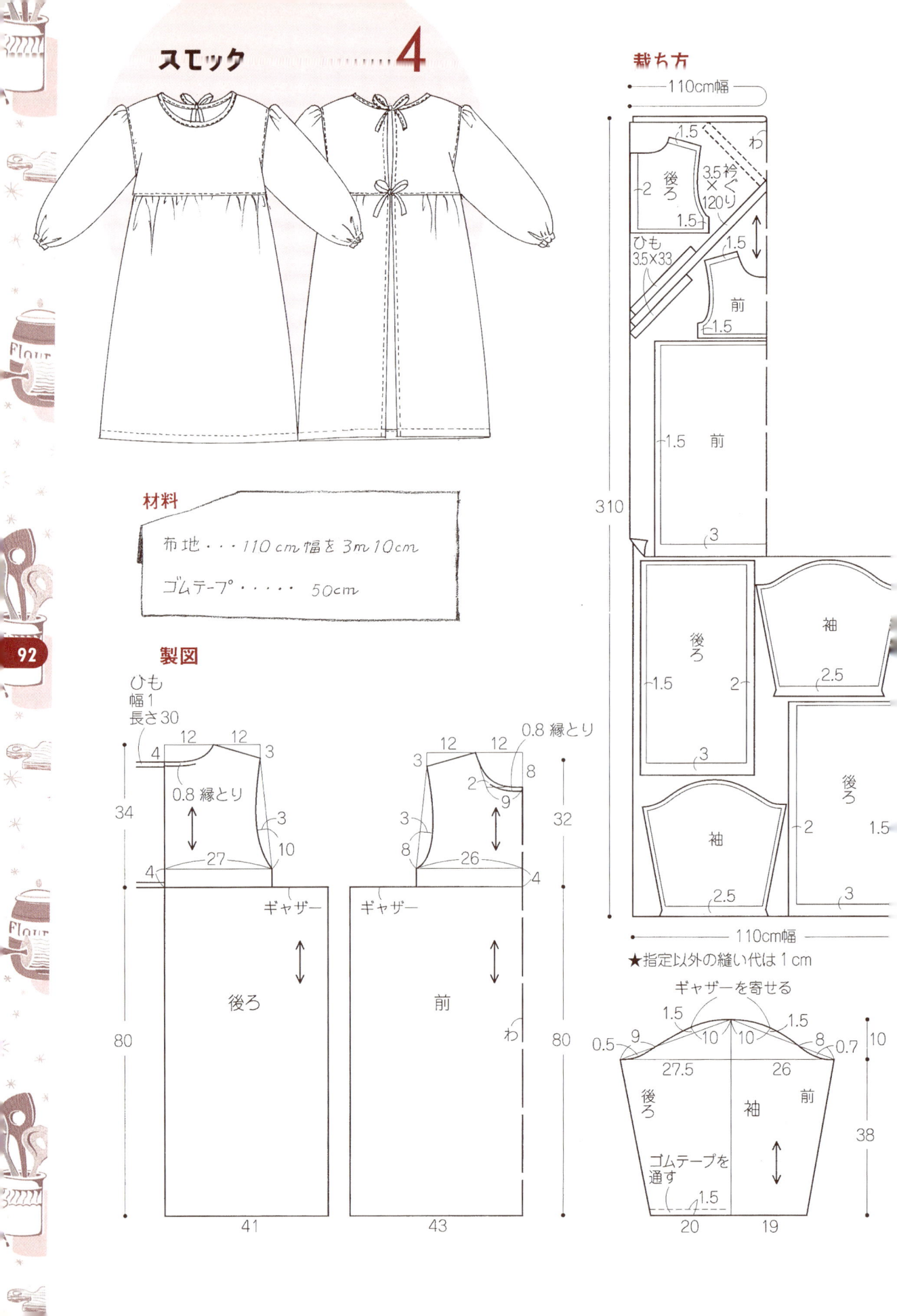

裁ち方

— 110cm幅 —

- わ
- 後ろ ×2
- 3.5 衿ぐり ×2 120り
- ひも 3.5×33
- 前
- 前
- 後ろ ×2
- 袖
- 袖
- 後ろ

310

1.5 / 2 / 2.5 / 3

— 110cm幅 —

★指定以外の縫い代は1cm

材料

布地 … 110cm幅を3m10cm
ゴムテープ … 50cm

製図

ひも
幅1
長さ30

後ろ：34 / 80、12 / 12 / 4 / 3、0.8 縁とり、27 / 10、41

前：32 / 80、12 / 12 / 3、0.8 縁とり、8 / 2 / 9、26 / 8、わ、43

ギャザー

袖：
ギャザーを寄せる
1.5 / 1.5 / 0.5 / 9 / 10 / 10 / 8 / 0.7 / 10
27.5 / 26
後ろ / 前
袖
ゴムテープを通す
1.5
20 / 19
38

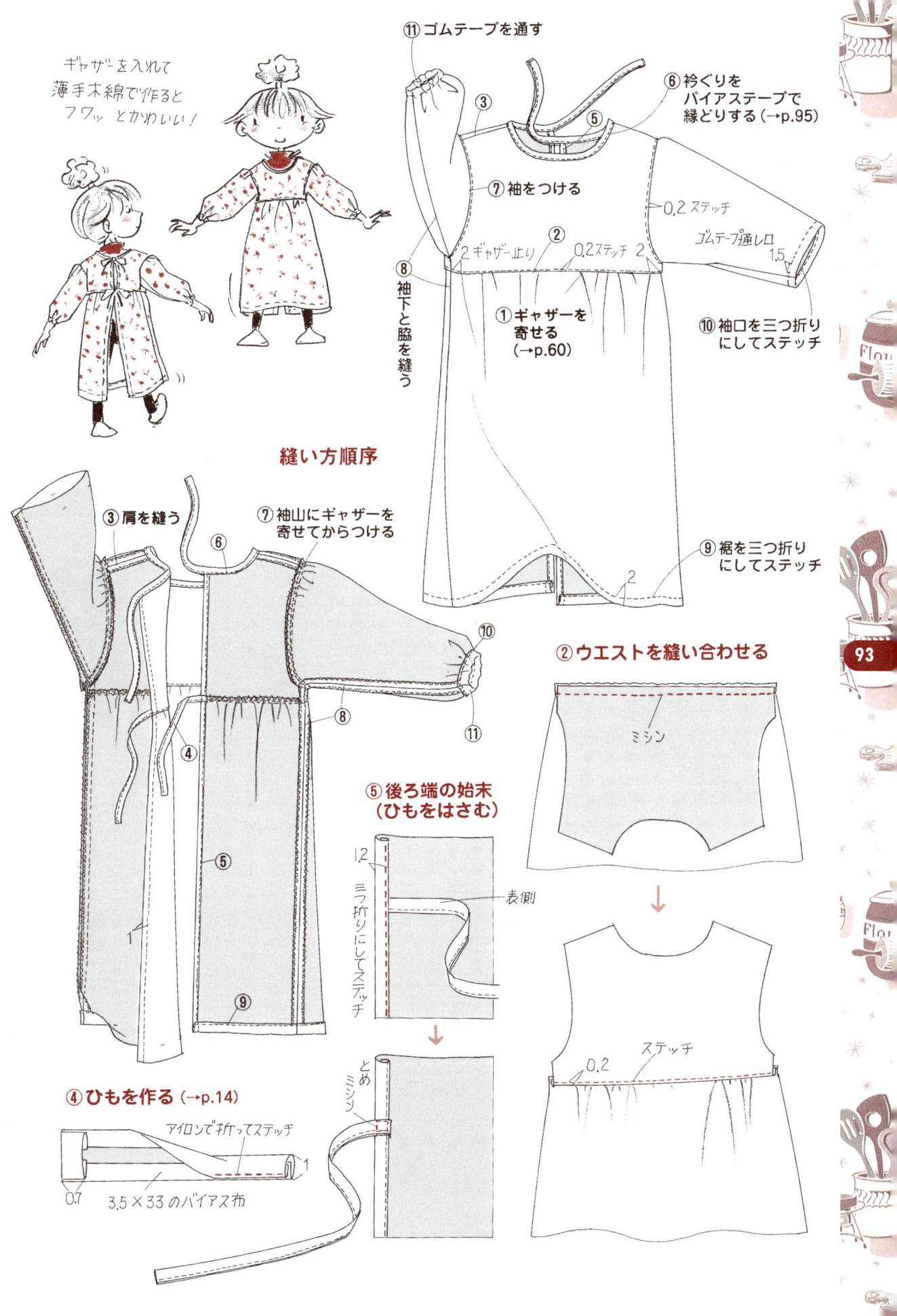

ギャザーを入れて
薄手木綿で作ると
フワッとかわいい！

⑪ ゴムテープを通す

⑥ 衿ぐりを
バイアステープで
縁どりする（→p.95）

③

⑤

⑦ 袖をつける

0.2 ステッチ

ゴムテープ通し口

② 2 ギャザー止り　0.2 ステッチ 2

1.5

⑧ 袖下と脇を縫う

① ギャザーを
寄せる
（→p.60）

⑩ 袖口を三つ折り
にしてステッチ

縫い方順序

③ 肩を縫う

⑦ 袖山にギャザーを
寄せてからつける

⑥

⑩

⑧

⑪

④

⑤

⑨ 裾を三つ折り
にしてステッチ

2

② ウエストを縫い合わせる

ミシン

⑤ 後ろ端の始末
（ひもをはさむ）

1.2

表側

三つ折りにしてステッチ

とめ
ミシン

④ ひもを作る（→p.14）

アイロンで折ってステッチ

1

0.7　3.5×33のバイアス布

0.2 ステッチ

スモック……5

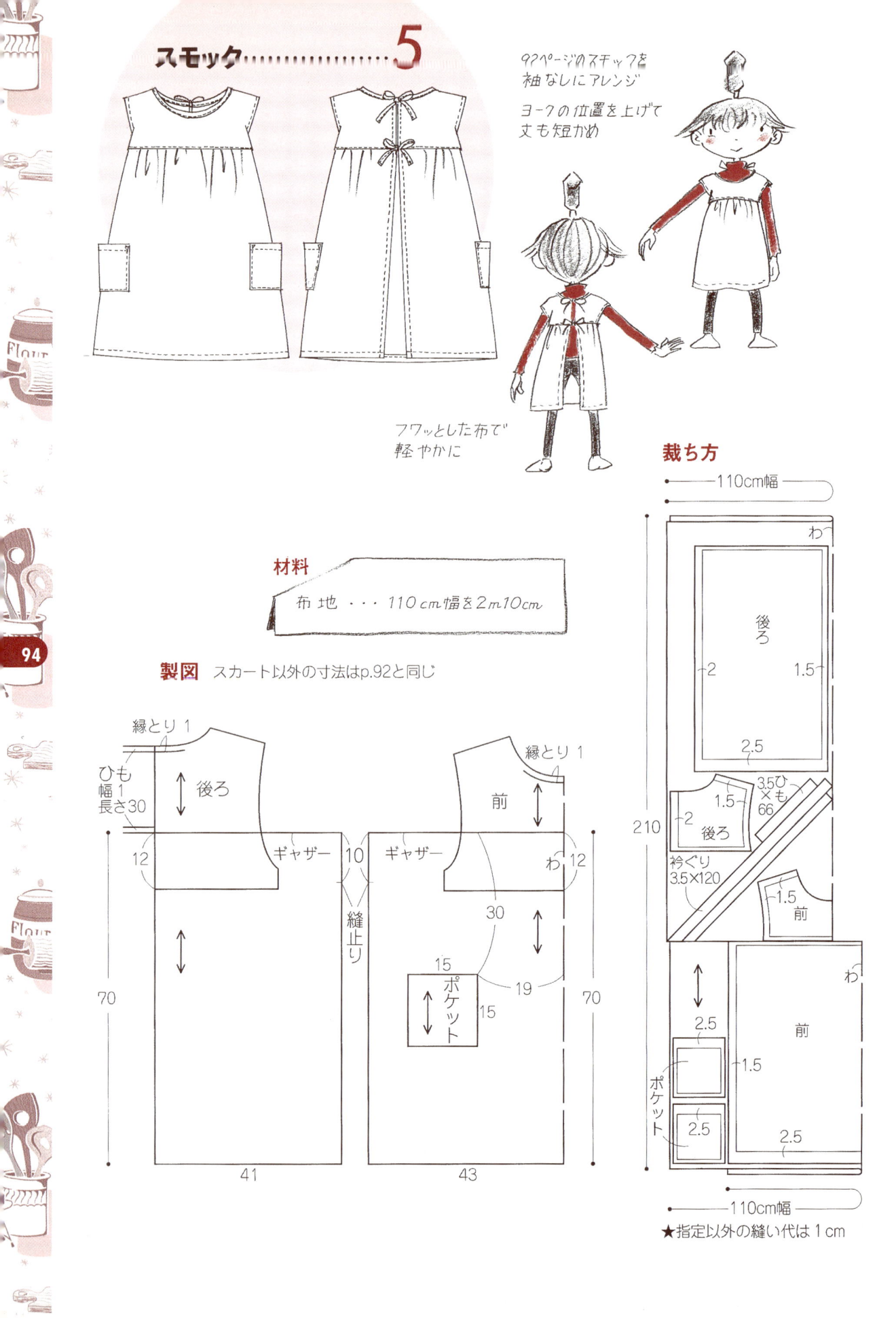

92ページのスモックを袖なしにアレンジ
ヨークの位置を上げて丈も短かめ

フワッとした布で軽やかに

材料
布地‥‥110cm幅を2m10cm

製図 スカート以外の寸法はp.92と同じ

縁とり 1
ひも 幅1 長さ30
後ろ
12
ギャザー 10
縫止り
70
41

縁とり 1
前
わ 12
ギャザー
30
19
15 ポケット 15
70
43

裁ち方

110cm幅
わ
後ろ
2　1.5
2.5
3.5 ひも×66
1.5
2 後ろ
衿ぐり 3.5×120
1.5 前
210
2.5
1.5
ポケット
2.5
わ
前
2.5
110cm幅
★指定以外の縫い代は1cm

縫い方順序

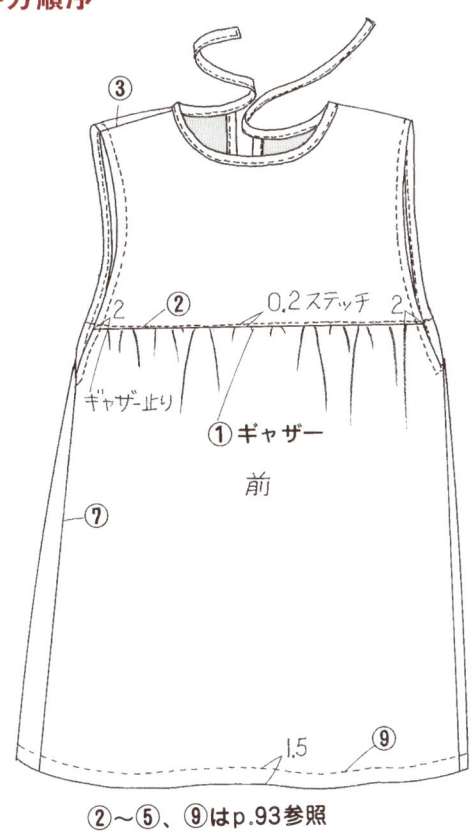

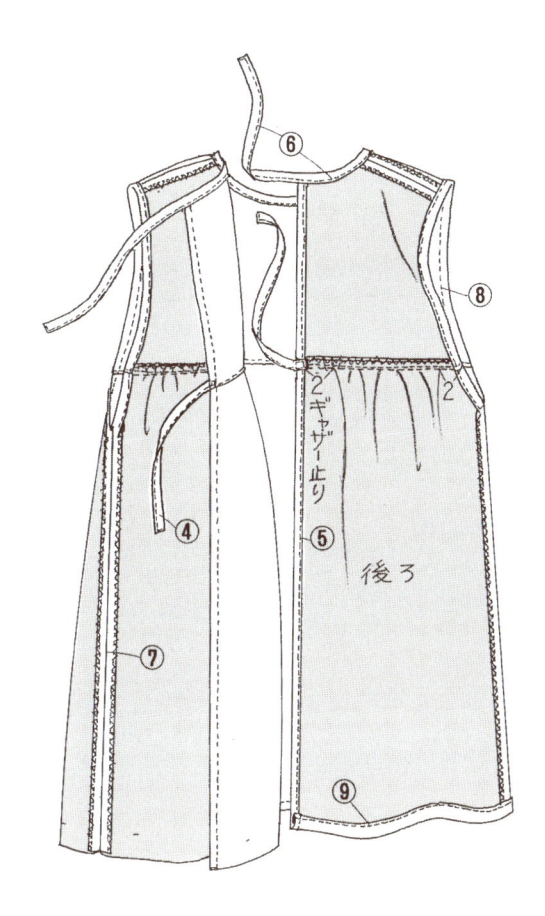

②〜⑤、⑨はp.93参照

前：①ギャザー、②0.2ステッチ、ギャザー止り、⑦、1.5、⑨

後ろ：④、⑤、⑥、⑧、ギャザー止り、⑦、⑨

⑥ バイアス布で衿ぐりをくるみ、続きのひもを縫う

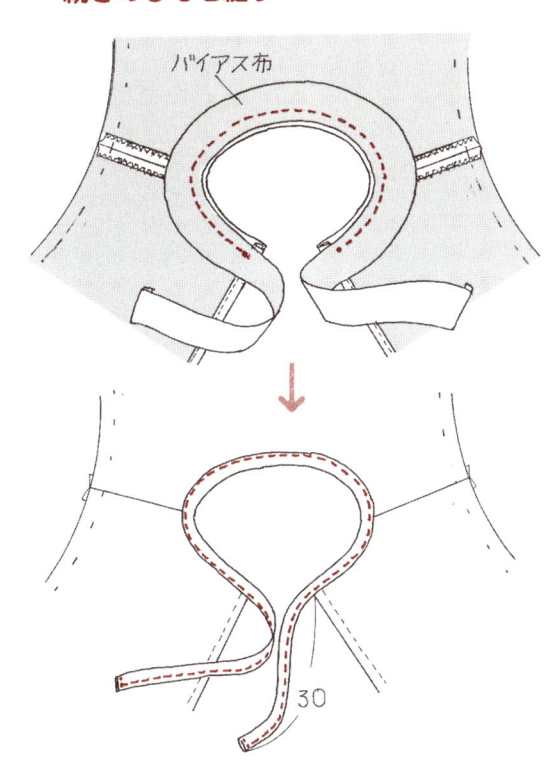

バイアス布

30

⑦ 脇を縫う

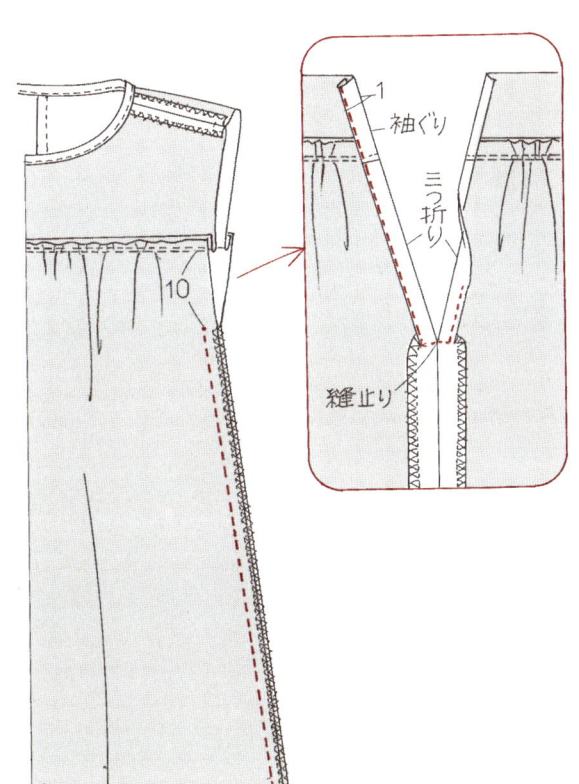

10

⑧ 袖ぐりの始末をする

1、袖ぐり、三つ折り、縫止り

装丁、レイアウト／岡山とも子　イラストレーション／しかのるーむ

エプロンくらいは作ってみたい
エプロン作りの基礎ノート

2003年10月28日　第1刷発行
2016年11月18日　第12刷発行
著者　しかのるーむ
発行者　大沼 淳　　発行所　学校法人文化学園 文化出版局
〒151-8524 東京都渋谷区代々木3-22-1
電話 03-3299-2489（編集）　03-3299-2540（営業）
印刷・製本所　株式会社文化カラー印刷

Ⓒ shikano room 2002　Printed in Japan
本書の写真、カット及び内容の無断転載を禁じます。

・本書のコピー、スキャン、デジタル化等の無断複製は著作権法上での例外を除き、禁じられています。
本書を代行業者等の第三者に依頼してスキャンやデジタル化することは、たとえ個人や家庭内での利用でも著作権法違反になります。
・本書で紹介した作品の全部または一部を商品化、複製頒布、及びコンクールなどの応募作品として出品することは禁じられています。
・撮影状況や印刷により、作品の色は実物と多少異なる場合があります。ご了承ください。

文化出版局のホームページ　http://books.bunka.ac.jp/

基礎ノートシリーズ

洋裁のことを知りたい人のために	ふだん着は手作りで	エプロンくらいは作ってみたい	バッグくらいは作ってみたい
ソーイングの基礎ノート	**子ども服の基礎ノート**	**エプロン作りの基礎ノート**	**バッグ作りの基礎ノート**